中国西部地区农村代际收入流动性及传递机制研究

ZHONGGUO XIBU DIQU
NONGCUN DAIJI SHOURU LIUDONGXING
JI CHUANDI JIZHI YANJIU

秦 子 著

中国农业出版社
北 京

本研究是国家自然科学基金项目"连片特困地区少数民族贫困代际传递程度及传递机制研究——以新疆为例"的部分成果（项目编号：71763027）（课题主持人：夏咏教授）

改革开放以来，我国经济社会取得了跨越式发展，其中国民经济总量从改革之初的 3 679 亿元增长到 2023 年的 121.02 万亿元，增长了 328 倍，创造了经济增长的奇迹，成为仅次于美国的经济大国。但我国幅员辽阔，各地区资源禀赋不一，且长期的"城乡二元体制"导致农村发展相对滞后、城乡差距较大，影响社会经济的整体协调发展，是我国经济和社会发展中亟须改革的重要内容。为解决城乡发展不均衡的问题，我国近年来陆续发布了《关于实施乡村振兴战略的意见》《乡村振兴战略规划（2018—2022 年）》等重大举措，促进我国经济社会高质量发展。但新疆南疆四地州地处塔克拉玛干沙漠西南端，地理环境相对闭塞，生态环境恶劣，产业结构单一，经济发展滞后，城乡人均可支配收入比（2021 年）高达 2.58∶1，城乡差距仍十分明显。此外其他学者研究认为，新疆南疆四地州贫困代际传递率达到 60% 以上，属于较高水平，这种"贫穷的代际传递"可能会对我国巩固拓展脱贫攻坚成果造成不利影响，影响新疆社会稳定与可持续发展，也会给国家实施乡村振兴战略、实现共同富裕目标带来巨大挑战，因此要解决社会贫富差距问题，更要关注如何打破社会的代际收入传递，形成公平的竞争环境与各群体畅通的上升通道，这样才能在发展中解决贫富差距的问题。

本书从微观农户角度出发，一是探求以新疆南疆四地州为代表的中国西部地区是否存在代际收入传递的现象，即在发展落后的区域内，低收入家庭中的父代与子代之间是否也会发生收入的传递？二是如果存在代际收入传递的现象，那么这种代际收入传递的程度如何？三是探究代际收入传递的路径是什么？四是针对代际收入传递的路径，研究如何降低代际收入传递，为缩小贫富差距、实现共同富裕贡献力量。主要内容及观点如下：

第 1 章，绪论。本章首先阐述了本书选题的背景和研究的意义；其次对本书研究内容涉及的理论基础进行介绍，并结合国内外研究综述，介绍代际收入传递的理论研究历程和当前的国内外研究现状；第三是简单明了地介绍了本书的研究目标，基于研究目标的研究技术路线、主要研究方法和创新之处、不足之处。

第2章，概念界定与理论基础。本章主要对"新疆南疆四地州""农户""代际收入流动性""人力资本""社会资本""财富资本""社会流动"等学术名词进行解释。本书的理论基础是社会流动理论，该理论由俄裔美国社会学家索罗金于19世纪末提出，并经过Becker、Tomes、Solon等学者进行了完善，目前已经成为研究代际收入流动性问题的理论基石，此外本书还涉及了人力资本理论、福利经济学理论、发展经济学、低收入均衡陷阱理论、循环累积因果关系理论等，这些理论贯穿研究的始终，在每章研究内容中均有体现。此外本书的研究聚焦中国西部地区的居民，在研究对象上具有特殊性，因此是对社会流动研究理论的补充。

第3章，理论分析框架。本章的理论分析建立在社会流动等理论基础之上，借鉴了Becker、Tomes关于代际收入流动性理论开展研究，包括两个方面：一是代际收入流动性的理论分析，这部分主要分析了代际收入流动是如何产生的，有哪些要素参与；二是重点从目前主流的三个资本（人力资本、社会资本、财富资本）视角下对代际收入传递的方式进行了阐述。通过理论分析便于读者从宏观角度理解代际收入传递现象的产生、传递过程、参与要素、可能形成的结果等内容。

第4章，新疆南疆四地州发展现状。本章拟通过新疆南疆四地州地区生产总值、财政、居民储蓄、居民可支配收入、教育、医疗资源等多维度对新疆南疆四地州经济、社会发展进行全面分析。一是解释选择新疆南疆四地州作为研究区域的典型性；二是解释和说明新疆社会流动的原因；三是代际传递理论认为代际传递不仅受到家庭内部因素的影响，还受到家庭所处的外部环境影响，因此本章从宏观视角探究新疆南疆四地州发展现状，以期为新疆南疆四地州代际收入流动性测算进行外部数据铺垫。

第5章，农户代际收入流动性估计。本章在诸多学者关于代际收入流动性估计方法的基础上，利用大量实地调研获得的真实数据，构建新疆南疆四地州代际收入流动性估计模型，先后采用普通最小二乘法、二阶段回归模型对新疆南疆四地州农户总体代际收入流动性进行了估计，然后根据农户收入异质性特征，采用分位数回归法对不同收入条件下的农户代际收入流动性进行估计，同时验证前期理论假设。

第 6 章，农户代际收入传递机制。本章主要探讨新疆南疆四地州农户代际收入传递机制，即解释新疆南疆四地州父代收入是如何影响子代收入的。国内外学者关于这个问题的研究各有侧重，结论各不相同，因此本章构建SEM 结构方程对代际收入传递的路径、影响代际收入传递的核心变量等进行研究。

第 7 章，提升代际收入流动性的政策建议。根据本书前述研究内容，新疆南疆四地州目前代际收入传递路径多而繁杂，但主要形式为财富的直接传递，次要路径是通过投资子代教育、影响子代职业选择等间接影响子代收入，因此提升代际收入流动性的政策不能一概而论，更不能一刀切，否则可能造成社会生产效率的下降，不利于社会发展与进步，因此本章重点从国家层面、微观农户个体层面提出发展经济、增加居民收入等针对性的政策建议。

第 8 章，研究结论与展望。本章归纳了本书的主要结论，指出了研究中的不足，提出了下一步研究的方向。

本书立足社会流动理论及研究方法，利用中国农业大学新疆课题组与新疆农业大学国家自然科学项目课题组联合调研数据，构建代际收入流动性估计模型对新疆南疆四地州农户代际收入流动性进行了估计，构建了 SEM 结构方程对新疆南疆四地州农户代际收入传递的路径、影响代际收入传递的核心变量等进行了研究，并根据理论分析及实证结果针对性地提出了提升代际收入流动性的政策建议。

本书可能的创新之处体现在以下两个方面：第一，研究视角聚焦新疆南疆四地州，该地区发展长期滞后，具有较强的研究价值及代表性，这与其他学者针对大区域、单一性的代际传递研究具有较大区别，且能够弥补代际收入流动性研究在该地区的空白；第二，研究方法是在大量实地调研的数据基础上，充分进行理论分析，提出合理的理论假设，然后针对理论假设进行实证研究，实现研究的闭环，充分支撑研究结论，具有研究的严谨性与模型方法的创新。此外，本书在研究中还提出了，尽管研究对象属于低收入人群，但不同收入农户的代际收入仍具有异质性的结论，这是本书的重要发现，是对代际收入流动性研究的重要补充。

当然本书在数据获取方面及模型估计方面也存在着不足。主要体现在：一是本书所使用的数据为课题组两年内进行的实地调研数据，收入数据按2015—2019 年 5 年的平均值，但这仍未涵盖被调查者的全生命周期，因此无法完全模拟出农户的全生命周期收入数据，估计值可能会产生一定程度的偏差，为代际收入弹性系数的测算带来偏误；二是代际收入流动的影响因素复杂多样，本书的研究聚焦在家庭内部的人力资本、社会资本和财富资本三个视角，可能存在与之相关的外部视角因素在本书中尚未涉及，这也是未来工作中还需要进一步探讨的重要内容。

作　者

2024 年 3 月

CONTENTS 目 录

前言

第 1 章

绪　　论

1.1　研究背景与研究意义

1.1.1　研究背景

当前我国经济总量已超百万亿元，连续多年位居世界第二，成为名副其实的经济大国，人民收入水平与生活质量得到大幅提升，按联合国现行评价标准，我国人民生活已属于比较富裕阶段。但我国幅员辽阔，各地区劳动力、资本、土地等资源禀赋差异较大，地区间发展不均衡、城乡发展不均衡、居民收入差距较大的问题也比较突出，为着力解决区域发展不平衡问题，我国先后实施中部崛起、西部大开发、振兴东北等重大战略，为解决城乡发展不均衡的问题，我国自 2018 年以来先后发布了《关于实施乡村振兴战略的意见》《乡村振兴战略规划（2018—2022 年）》等重要举措，将乡村振兴工作提升到战略高度，并进行了具体部署；2021 年发布了《关于全面推进乡村振兴加快农业农村现代化的意见》，重点提出对摆脱贫困的县从脱贫之日起设立五年过渡期，逐步实现由集中资源精准扶贫向全面开展乡村振兴工作平稳过渡。但 2021 年新疆南疆四地州城乡人均可支配收入比仍高达 2.58∶1，特别是新疆南疆四地州农村人均可支配收入只有 12 401 元，是同期新疆农村人均可支配收入的 79.62％、是同期全国农村人均可支配收入的 65.51％，远低于新疆及全国平均水平。此外，新疆南疆四地州农村人均可支配收入是同期城镇人均可支配收入的 28.76％，分别是同期新疆及全国城镇人均可支配收入的 32.94％、26.16％。这种城乡差距在城乡居民收入中的表现十分突出，是亟待解决的重要问题。

新疆南疆四地州地处塔克拉玛干沙漠西南端，地形以沙漠、山地为主，地理环境相对闭塞，生态环境恶劣，产业结构以农业为主，经济发展滞后，是我国脱贫攻坚时期的主战场，是脱贫攻坚战中最后的一块"硬骨头"。虽然 2020 年按现行标准实现了农村贫困人口全部脱贫，且进行了脱贫后的持续监测与帮扶，但由于前期贫困人口基数大，发展基础薄弱等现实问题，新疆南疆四地州仍然面临着可能返贫的挑战及后贫困时代的相对贫困问题。此外据卢盛峰等学者所做调查，新疆南疆四地州贫困代际传递率达到了 61.2%，说明新疆南疆四地州收入代际传递现象已经十分普遍，且程度较深。不能有效解决，新疆南疆四地州极易陷入"贫穷—扶贫—返贫"的恶性循环，给新疆社会稳定与经济发展造成巨大挑战。

共同富裕是中国特色社会主义的本质要求，是社会公平正义的体现，也是今后一段时间我国要实现的重要战略目标，但不可忽视的是我国幅员辽阔、人口众多、资源人均占有量少，社会生产力水平、科学技术水平仍不高仍是当前的基本国情，因此共同富裕不可能一蹴而就，需要在发展中不断改善和提升人民生活水平。第十次中央财经委员会会议明确指出，要实现共同富裕，需要不断提升人民教育水平，增强发展能力，创造普惠、公正的社会环境，畅通向上流动通道，给予更多人致富的机会。因此，研究代际收入传递有利于揭示父代对子代的传递路径，从而提升代际流动性，形成公平的社会流动渠道。当前学者对代际收入传递的研究，在地域上主要集中在国家层面，对区域研究较少，特别是针对新疆南疆四地州这类曾经的深度贫困地区的研究基本没有，因此本书对新疆南疆四地州代际收入流动性研究是防止新疆南疆四地州返贫、营造社会公平正义环境，提升社会发展内生动力，补齐发展短板，实现共同富裕的现实需要。

1.1.2 研究意义

1.1.2.1 理论意义

第一，有助于丰富和延伸代际传递相关理论。国民收入理论是研究国民收入、社会分配等的重要理论，广泛应用于社会研究中，为国民收入分配提供了重要的指导理论，对社会公平具有较强的促进意义；福利经济学详细讨论了国民收入分配与经济福利的关系，较为公平的社会分配具有促进社会、经济发展的重要作用，并提出了收入均等化的政策建议，为低收入人群享受更加公平的社会分配与福利提供了重要的理论依据；社会流动理论对社会流动的原因、流动方向、流动类型等进行了阐述，对打破阶层固化、实现社会公平竞争具有重要意义。本书以福利经济学、国民收入理论、社会流动理论等为指导，通过一系列实证研究，一方面验证福利经济学、社会流动理论等在中国社会、经济体制下的适用性；另一方面将福利经济学、社会流动理论等应用于提升代际收入流动性的政策体系构建，从而实现理论的延伸与丰富。

第二，有助于补充和完善乡村振兴政策体系。本书对新疆南疆四地州农户代际收入流动性及其传递机制方面的研究是基于中国全面决胜小康社会的战略背景下，国家不断探索以财政补贴、税收优惠进行脱贫攻坚的背景下进行的。研究和揭示新疆南疆四地州农户代际收入流动性及其传递机制，一方面能够深化对中国乡村发展滞后现状、滞后原因的理解认识；另一方面能够准确定位新疆南疆四地州农户收入滞后的根源所在，为政策找准突破点，引导政策向关键因素倾斜，实施精准帮扶，助力新疆南疆四地州实现乡村振兴。此外，研究中根据实地调研的描述性统计分析和对数据的实证分析给出科学合理、易于操作的对策建议，这在一定程度也是对乡村振兴政策体系的补充和完善。

1.1.2.2 现实意义

第一，有助于探索新疆乡村振兴新模式。本研究开始于国家脱贫攻坚时期，研究期间国家实现总体脱贫，但我国当前区域发展不平衡、贫富差距较大仍是现实情况，特别是新疆南疆四地州虽然摘除了"深度贫困地区"的帽子，但因其发展基础薄弱，目前总体发展水平仍滞后于新疆总体发展水平。本书的研究对象是南疆四地州的农户，主要研究目的就是要弄清南疆四地州农户的特征与代际传递间的关系，从而找到降低新疆南疆四地州农户代际传递率的关键因素，促进新疆南疆四地州形成更加公平的社会环境，为实现新疆乡村振兴与共同富裕提供有力的理论依据支撑，对维护新疆民族团结、社会长治久安均具有重大的现实意义。

第二，有助于阻断返贫，巩固脱贫成果。新疆南疆四地州的低收入人口数量大，且发展长期滞后，人民收入水平增长缓慢，虽然实现了全面的脱贫，但仍具有较大的返贫风险。因此必须找到导致发展滞后的主要原因，才能采取有针对性的提升举措。但新疆南疆四地州发展滞后因素十分复杂，既有地理位置闭塞、环境可利用性不高等自然因素原因，也存在着农业人口众多、经济发展缺乏动力、产能落后等经济社会因素，同时新疆南疆四地州农户自身综合素质不足，特别是教育水平不高、技能匮乏等因素也是容易出现返贫的重要风险。此外，居民就医意识和医疗技术不高导致的因病致贫风险也不可忽视。因此本书以新疆南疆四地州农户为突破口，以新疆南疆四地州为研究地域范围，探索新疆南疆四地州经济社会发展水平；揭示新疆南疆四地州代际收入传递现象高发的显著特征与传递机制，为预防返贫提供具体化的支撑要素，有利于防止脱贫后短期内出现大面积返贫的现象，确保脱贫攻坚成果得到巩固。

第三，有利于维护新疆社会稳定与经济发展。新疆南疆四地州发展基础薄弱、民情复杂，且发展长期滞后于北疆地区，形成了较为固化的低收入阶层及代际传递现象，长期如此必然会出现社会发展失衡，不利于社会稳定与长治久安。本书以新疆南疆四地州农户为研究样本，理论分析与描述性统计分析总结了新疆南疆四地州人口、经济、代际收入传递率等现状，实证研究了新疆南疆四地州农户的代际收入流动性的程度和传递的机制，因地制宜地提出了构建提升新疆南疆四地州农户代际收入流动性的政策建议，这对缩小贫富差距，增强各民族对祖国的认同感、凝聚力，对维护社会稳定和民族团结具有重大的现实意义。

1.2　文献综述

1.2.1　代际收入流动性研究历程

很长一段时间诸多学者均在社会流动的理论框架内分析社会流动问题。20世纪70年代，西方学者对代际收入流动性的研究日趋活跃，其中以Becker Tomes为代表的学者逐渐形成了代际收入成因、影响机制、作用功能等理论体系并建立了经济学分析框架，同时对代际收入传递进行了实证分析[1]。Becker Tomes进行代际收入流动性估计的工具是代际收入弹性，即父代对子代收入的影响越大，代际收入传递越显著，此时弹性越大，代际收入流动性越低；反之代际收入弹性越小，表示代际收入流动性越高，代际传递不明显，说明父代对子代的收入影响越小[2]。

Solon 在 Becker Tomes 关于代际收入流动性实证研究的基础上进行了优化，通过对数线性收入模型对代际收入流动进行测算，对代际收入传递的空间、时间异质性进行了解释与说明，得到了优化后的代际收入弹性系数。代际收入弹性系数解释了父代边际收入对子代边际收入传递的现象，是父代子代收入数据在不同时间段内的联合分布[3]。Corak 认为代际收入弹性（IGE）反映的是不同子代收入之间的差异数据占到不同父代收入之间差异数据的比例，也就是说父代收入差距会传递到子代，形成子代收入的差距，这说明了父代收入的不平等传递给了子代，证明代际间传递程度高，社会流动性较差[4]。

Bound 将自适应模型引入代际收入流动性的估计研究，他认为要实现父代收入效应的最大化，应该考虑长期投资与短期消费，他认为在确保满足短期需要后，考虑储蓄一定或不进行储蓄的前提下，父代更倾向于将剩余收入对子代进行投资，其投资途径有两条：一是直接将收入以财富形式传递给子代；二是用在提升子代人力资本方面，使子代具备更强的人力资本，从而在劳动力市场获取更大的优势，间接提升了子代收入，最终实现了父代收入的效用最大化[5]。这种间接的代际收入传递较财富的直接传递更加隐秘，不易察觉，却是社会中普遍存在的现象。同时他还认为除了家庭内部对子代的人力资本或其他资本的投资，其他公共资源的导入和政府财政支付转移对提升子代收入也有积极的正向作用。

Bound 基于此模型的诸多研究表明，代际收入流动与家庭教育回报率和家庭财富遗传能力都是呈现负相关的。但与国家的公共投入之间是显著正相关的。此模型还可以研究分析短时期内扰动因素的影响。更高的人力资本回报率可以更好地说明收入差距扩大导致的代际收入传递的提升和代际收入流动性的降低，不利于社会公平。同时，他的研究发现，当政府提高对公共的人力资本投入时，代际流动性也会随之提高。但近年来也有学者认为单纯地增加政府公共服务来加大个体人力资本投资并不能解决代际传递的问题。如Mayer 的研究指出，美国政府尽管在教育、卫生和营养等领域的公共资金投入有所增加，但是美国的贫富差距仍在不断扩大，贫困问题始终未得到有效改善与解决。他认为当社会保障失效，居民收入预期降低或经济持续低迷，贫富差距巨大且代际传递已经十分严重的社会，单纯地提升人力资本已经无法实现提升代际流动性的目的。因为贫富差距过大，严重的阶层固化、群体封闭已经阻碍了社会流动，且机会极度不平等，社会资源集中在少数人手中，社会逐渐向寡头社会演变，普通民众已经无法靠个体人力资本的提升来实现阶层跨越，要提升社会流动，必须进行制度变革，重新对社会分工进行调整，实现资源的合理匹配，提升劳动生产率的同时兼顾社会公平，实现普通民众的阶层跨越[6]。

1.2.2 代际收入流动性估计的实证研究

1.2.2.1 代际收入流动性测算方法的研究

西方社会学家及经济学家对代际收入流动性的测算方面研究起步较早，Galton 于 19 世纪末就利用回归对代际的个人特征做了分析[7]。Atkinson 和 Maynard 很早就注意到代际收入流动性，他提出采用相关系数的方法来测算代际收入流动性，并对英格兰约克郡 307 对父子的收入相关系数进行了测算，结果仅为 0.17[8]。Becker 和 Tomes 是第一个建立代际收入流动理论分析框架的学者，他认为代际收入流动可以用代际收入弹性来描述。该分析框架认为弹性越大，说明子代收入更加依赖于父代收入，代际收入流动性越小。此后，Atkinson 总结出了两种方法来测量代际收入流动性，即：对数收入模型的回归方法和用转换矩阵来估计代际收入弹性的方法。Solon 和 Zimmerman 在以往研究的代际收入弹性测算基础上进行了修正，他认为代际收入应该由单年的固定收入来代替永久性收入进行估计[9]。之后，Solon 又将父子的年龄因素增加到该模型中，为后来相关领域的研究提供了模型范式。

随着研究的深入，为探究不同收入群体或不同收入阶段父代对子代收入的影响，国外学者 Eide 利用分位点回归方法，对美国家庭间的代际收入流动性进行了实证研究，结果表明，高收入家庭的父代对子代的收入影响程度小于低收入家庭，而在低收入家庭中，教育在代际收入传递中起到更重要的作用[10]。Couch 和 Lillard 分别对欧洲的德国，美洲的美国进行研究，他采用的方法是分位数回归法，研究结果显示，不同收入群体父代对子代的收入影响是不一样的，呈现出明显的差异[11]。魏颖也采用了分位数回归方法，他具体研究了子代受教育不同程度对代际收入弹性的影响[12]。方鸣和应瑞瑶在研究中发现，城镇家庭的代际收入弹性比农村家庭的代际收入弹性要大；但不论城乡，在分配两端的居民的代际收入流动都呈现出较弱状态[13]。

Bjoklund 和 Jantti 采用"两阶段双样本工具变量法"对代际收入弹性进行了分析后，该方法被越来越多的学者用于对代际收入弹性的相关研究[14]。Lefranc 和 Trannoy 利用法国"1964—1993 年教育培训与就业"数据库，通过"工具变量方法"，对法国居民的代际收入弹性进行了估算，得出法国居民代际收入弹性在 0.4 左右，比英国与美国都要小[15]。Patrizi 也采取了同样的方式，他利用意大利各银行的家庭收入调查数据进行了估算，结果显示，意大利代际收入传递性很高，尤其在高收入群体之间表现更加明显[16]。Cavaglia 为了保证代际收入流动性的精确性和客观性，在利用"两阶段双样本工具变量法"的基础上，对德国、英国、意大利、美国四个经济体代际收入弹性进行了测度，对比了四个经济体间代际收入流动性的变动趋势[17]。Kamhon Kan 选择了中国台湾地区作为研究对象，他利用"两阶段双样本工具变量法"与"结构分位数回归"估计了代际收入流动性[18]。

在研究中，部分学者同时也发现了模型本身的问题，如数据的准确性与模型估计检验等一系列问题。Solon 和 Dunn 等学者都认为代际传递需要长期跟踪，早期研究中的单年度或其他时间点数据无法反映父代与子代收入动态变化下的传递情况是否发生变化，因此早期的数据存在下偏，无法准确反映现实情况[19]。Mazumder 也指出，由短期收入均值替终生收入引起的计量偏差很难被克服，即使使用 5 年的收入均值仍有可能产生较大向下偏误[20]。Nicoletti 认为要合理评估，尽量减小此类偏差，必须利用多年的平均工资水平来估算个人的长期收入。生命周期偏误也是另一种在实证研究中容易产生的偏误[21]，Grawe 和 Haider 认为，在子代 20 多岁时，这时的收入水平相对于他们的整个生命周期来说是比较低的，由此测度的代际收入弹性也会存在向下偏差。如果父代年龄在 60 多岁时，这一年的经济收入也与其终生的工资水平有很大差异，所以用这一年的父代经济收入来测度代际收入将会使代际收入弹性的估算更低。Grawe 和 Haider 针对前者，采用以 40

岁左右的子代样本（也有观点认为 30～40 岁的个人经济收入与其终生收入最为相近），而针对后者，则以其父代多年的平均工资水平来代替其终生的工资水平[22][23]。

关于代际收入传递机制的方法研究，以往的学者在研究中大多运用的是方差分解法，但因其严重依赖于严谨的主观假定和繁杂的样本数据，导致研究结果在实际应用中存在较大的局限性，特别是成长环境不是特别重要这一结论受到多方质疑，所以后期的研究中，更多学者运用中介变量和传统的计量模型来完成。传统的计量方法仅能体现各个因素在收入代际传递过程中的作用大小，而中介变量法不仅可以体现各个因素在代际收入传递中的作用大小，而且可以显示单一因素在整个传递机制中的贡献率，然而，中介变量受遗传和环境共同影响时，中间变量的量化难度过大，就很难从理论上说明这样划分是否合理，也就无法保证政策的实施是否有效。

我国相关实证研究多采用 Logit 和 Probit 等计量模型对代际传递的主要影响因素和传递路径进行分析。周铮毅等采用 Logit 模型进行实证分析显示，父代不能向子代提供直接的经济资助，是导致儿童贫穷的主要原因。父代的贫穷状况通过两个渠道直接遗传到子代身上，父代的贫穷状况也通过这两个渠道间接遗传到子代身上[24]。王志章和刘天元采用 Logit 和 Probit 等方法进行了经验分析，发现经济资本、人力资本、社会资本和心理资本是导致我国农村低收入代际传递的主要原因，而家庭收入水平、父代对子代的教育投资以及家庭结构等是导致我国农村低收入代际传递的主要原因[25]。学术界广泛认同，父代因缺乏足够的财力支持，在子代成长过程中缺乏人力资本和社会资本等方面的投入，导致子代在成长过程中更容易进入低收入状态，造成了"低收入"的代际传递。

1.2.2.2　国内外代际收入弹性估计值

国外学者 Jantti 利用 NLSY、NCDS 及北欧注册数据三类数据，提出美国与英国由于发展情况不尽相同，代际收入弹性也不一样，其中美国的代际收入弹性为 0.517，英国的代际收入弹性为 0.306，同时同处欧洲的挪威、芬兰与丹麦的代际收入弹性均低于 0.2[26]。Vogel 通过对德国代际流动性的分析，结论为德国的代际收入弹性系数在 0.24 左右[27]。Lee 从收入动态追踪调查（PSID）数据测算出美国的代际收入弹性为 0.45～0.48[28]，Dunn

从 PNAD 数据测算得到巴西代际收入弹性为 0.52[29]。而在发展中国家，因其社会结构不稳定、容易发生突变，缺乏有效的数据搜集与统计能力，且数据连续性不足、真实可靠的数据资料匮乏等原因，导致当前代际收入弹性的理论研究与实证研究都存在着不足。

国内学者何石军和黄桂田对中国代际收入弹性进行了测算，结果显示 2000 年中国的代际收入弹性为 0.66，2004 年代际收入弹性为 0.49，2006 年代际收入弹性为 0.35，2009 年的代际收入弹性为 0.46[30]。韩军辉测算出中国代际收入弹性为 0.446。采用 1989—2006 年中国农村家庭经济调查数据（CHNS），对父代和子代的收入关系进行了分析，发现父代与子代之间的代际收入弹性是 0.45[31]。Gong 以 2004 年 UHEES 数据为基础，计算出了父代双亲与女儿代际收入弹性分别为 0.6 和 0.97[32]。陈琳与袁志钢采用《中国居民收入普查》与《中国全面社会普查》（CGSS）中截止到 2005 年合计 17 年的数据，对我国居民代际收入弹性进行了测度，他们发现我国居民代际收入弹性呈现出先下降、后上升到一个稳定的水平，且城乡存在较大差异，其中城市弹性系数为 0.4，农村弹性系数为 0.3，说明农村代际收入流动性优于城市[33]。陈杰等对中国 1991—2011 年的代际收入流动性进行了测算，发现代际收入流动性经历了三个阶段：先是上升，随后下降，最后又上升[34]。Guo 利用中国城镇居民的家庭与就业状况的调研资料（UHEES，2004）对中国城镇居民的代际收入弹性进行了估算，结果为 0.32，并且受过良好的文化教育对于促进代际收入流动性具有显著的影响[35]。Sun 也使用了 2006 年的 CGSS 统计数据，研究表明，人口流动对中国居民收入代际持续能力的下降起到显著影响[36]。丁亭亭采用 Jorgenson - Fraumeni 的未来终生收入法，分别测算了我国在 1988 年、1995 年、2002 年、2007 年和 2012 年的代际收入弹性分别为 0.262、0.483、0.466、0.544、0.483[37]。

郭丛斌等根据中国城市和就业状况调查资料，对整个社会各代间的收入弹性进行了估算，得到了各代间的收入弹性值在 0.3 左右[38]。Zhang 根据 CHNS 的统计资料，估算中国各代间的收入变动系数为 0.45[39]。秦雪征以 CHNS 为基础，将人力资本的可传递性纳入其中，得出中国人口代际收入弹性为 0.48[40]；唐可月以 2016 年 CFPS 数据为基础，以家庭平均收入来取代父代的经济收入，并将教育因素考虑进去，得出了代际收入弹性系数为

$0.436^{[41]}$。2018 年，世界银行利用中国学者在 CFPS 数据基础上，以 1960 年代出生人口的经济收入为基础，测算了代际收入弹性为 0.399，并据此估算了中国代际收入流动性的水平。

从各代人的收入流动的变动趋势上，根据 CHIP 资料，中国城市人口代际收入弹性在 1995 年是 0.47，而在 2002 年则上升至 0.53，表明城市人口世代间的收入流动性在下降。根据尹恒的研究结果，1991—1995 年中国的代与代之间的收入流动是比较缓慢的，而 1998—2002 年代与代之间的收入流动则呈现出明显的上升趋势[42]。根据陈琳的研究结果，1988—2005 年是中国世代间经济发展水平由显著提高到趋于平稳的时期[43]。根据 CHNS 的资料，何石军发现，在 2000—2009 年，代际收入流动性整体上有所提高，然而，子代的经济收入仍然非常地依赖于他们的家庭环境[30]。根据王学龙的 CHNS 资料，中国城市家庭在 1960 年代呈现最大的代际收入流动性，在 1970 年代是最小的，而在 1980 年代则介于这两个时代的中间[44]。到目前为止，关于 2005 年以后中国人口代际收入转移的幅度如何，阳义南提出 2006 年以后人口代际收入转移呈上升趋势[45]，而李力行则提出中国人口代际收入转移呈下降趋势[46]，但至今还没有一个明确的结论。

1.2.3 代际收入流动性影响因素的研究

代际收入流动性受个体基因遗产、个体所处宏观环境、教育水平等多种因素制约，内置机制比较复杂，特别是研究影响代际收入流动性的影响因素。Boggess 等利用美国的微观调查数据发现，父代贫困、家庭结构、邻居劣势、社会隔离以及劳动市场条件等是造成代际贫困的主要原因。相对于高收入群体，低收入群体的子代更缺少生活中的教育资源与其他物质类的资源[47]。Ridge J M 认为国家经济水平对代际收入流动性影响巨大，他指出美国的"贫二代"中有 16%～28%在成年后会继续维持贫穷状态，如果在同等经济水平下，子代依然贫穷的比例会上升到 32%～46%，但后期美国的经济迅速发展使得这一比例没有上升到估计值[48]。Harper 等学者认为，家庭的结构对代际传递具有显著影响，主要作用机理是不同家庭结构的父代，由于所处家庭结构不同，这得到父代传递的各类资本有限，因此自身发展受到一定挑战，同时不同家庭结构的父代对子代资本的投入与意愿也是不一样的，同样子代受到不同家庭结构的影响，获得的资源是不均等的，造成机会的不平等，最终影响子代收入[49]。Bowles 等提出相对于低收入家庭来说，高收入群体的子代长大后更有可能经济收入水平较高[50]。目前 Galianit 等学者也认为贫困家庭的基本特征也是家庭维持长时间贫困的重要因素[51]。

此外，Keynes 认为不同家庭结构的家庭生产力是不同的，因此是否为离异或丧偶家庭对子代的代际传递是不同的，一般认为家庭生产力的下降意味着家庭收入的降低，势必导致家庭对子代人力资本和财富资本投入的减少，最终影响子代收入[52]。父代的文化水平对家庭经济状况和子代家庭经济状况有较大的影响。Christiaensen 和 Alderman 与 Carol、Simon 等认为，父代受教育水平会对子代的经济收入造成不同的影响。一是父代的受教育水平会对子代的受教育水平有不同的影响；二是父代受教育水平会对子代其他方面的特点有一定的影响，进而对子代的家庭经济状况有一定的影响；三是其他方面的特点会对儿童的经济收益造成一定的影响。前者的效果随着代与代之间的教育流动性的降低而增强。受教育水平越高的父代，其对子代的投资越大，其子代的教育收益率越高，其经济收入越有可能上升。在父代的家庭教育能力提高的情况下，后者的作用就会变得更加明显。若父代的学历越高，他们的子代也就越容易取得丰厚的社会资本和财产资本，子代的经济收入就会大大提高。而对于子代而言，其在家庭中的社会身份与专业权力越大，则其在资源上的优先性越高。在增加工作机会和减少贷款限制的情况下，子代的经济收入上升的可能性会增加。而在同一时间内，随着教育的经济回报率降低，其作用愈大，前两种作用则愈小[53][54]。另外，Horii 等还提出当子代发现自己的同龄人不在学校时，更容易出现退学现象，而这种现象与其自身的内在联系又是形成"贫穷陷阱"的重要原因[55]。

1.2.4　代际收入传递机制的研究

学者们对代际收入流动性进行估计后，在进一步的研究中关注到父代收入对子代收入传递的机制。众多学者发现代际收入传递路径主要依靠人力资本与社会资本。陈卿卿等利用 2010—2018 年 CFPS 数据对西部地区居民的代际收入流动性研究中发现人力资本和社会资本是西部地区代际收入流动的主要传导路径，其中人力资本的影响作用最大，父代收入每上升一个百分点，子代的人力资本提高 1.64 个百分点[56]。孙三百等（2012）的研究发现，教育、健康、书籍、父代户籍对代际收入流动的解释可达到 35%，其中受教育水平是影响最大的因素，这一结论主要表现在高收入群中，对于低收入群体而言，受教育水平在其中的作用并不显著[57]。

在对人力资本因素的经验研究中，Eide 和 Showalter 把受教育的年限纳入代际收入弹性方程后，弹性系数下降了 50%，结果说明教育在代际收入传递中有着较高的解释度[10]。Becker 和 Tomes 的理论模型认为父代对子代的传递机制主要是依靠人力资本和禀赋遗传两个方面[2]。Bowles 和 Gintis 将父代、子代收入的相关系数进行分解，研究发现子代受教育水平对代际收入传递机制的解释度达到了 22%[50]。徐晓红等利用 1988—2013 年 CHIP 数据研究发现子代与父代的受教育水平和职业等是影响代际收入传递的关键因素，随着子代向上流动的阶层越高，受教育水平发挥的作用越大[58]。赵昕东基于 CHFS 和 CFPS 2010—2019 年数据发现，受教育水平越高，子代对父代的代际收入流动性的越低，反之受教育水平越低子代收入对父代的依赖程度越高[59]。睢党臣利用 CHIP 2013 年数据对城乡居民的代际收入流动性进行了分位数回归检验，发现教育在很大程度上能够提升代际收入流动性，并且在农村比城市的效果更好[61]。龙翠红等使用 CHNS 1989—2009 年数据对我国居民的代际收入流动性进行研究，结果发现教育在代际收入传递中起到的作用高于健康和社会资本[61]。杨新铭通过对天津市城镇居民的代际收入弹性进行分解，发现教育是代际收入传递中的主要途径，子代的职业等就业特征的作用远低于教育[62]。郭丛斌利用《中国城镇居民教育与就业情况调查 2004》的数据研究教育对代际收入流动性的关系，发现教育有利于弱势群体的子代实现经济与社会地位的跨越，教育在促进代际收入流动性中能起到显著的作用，调节社会收入公平的功能会随着市场化水平的提高而增强[38]。

在对社会资本因素的研究中，陈杰等利用 CHNS 1989—2011 年数据发现子代人力资本在代际收入传递过程中的贡献率高达 8%～13%，但子代社会资本在代际收入传递过程中比人力资本的贡献率更高，在 16%～22% 之间[63]。方鸣等对中国代际收入流动性的研究中得出，子代教育高于职业因素的贡献率，达到 30.5%[13]。姚先国等利用 CHNS 数据，将代际收入流动性传递机制分解为教育、健康和职业三个方面，研究发现职业在代际收入传递中的贡献率最高，为 0.128，占总贡献率的 67.3%[64]。张君慧等（2022）利用 2013 年 CHIP 数据对代际收入流动性研究中发现，父代的社会资本：结构性社会资本与认知性社会资本对农村居民代际收入流动性有显著的提升作用。除人力资本与社会资本外，财富资本也渐渐被关注到，其在代际传递机制中的作用呈现上升趋势[65]。陈琳等运用 CHIP 1988—2005 年数据，发现 1988 年房产与金融资产对代际收入弹性的解释要远高于人力资本和社会资本，其中在 2002 年与 2005 年房产价值和金融资产的解释力在城市分别为 31% 和 37%[66]。

1.2.5 提升代际收入流动性的政策研究

一些学者从社会保障的角度对提升代际收入流动性进行了探讨，特别是在如何阻断贫困的代际传递方面。朱玲提出，要在人生的起跑线上去阻断贫穷的代际传递，要保证每个子代都有一个良好的人生起跑线，减少贫穷应该从"孕期护理"入手[67]。韩春、陈元福等指出，女性在阻断贫穷的代际传递中扮演了极为重要的角色，在养育下一代中发挥了与家庭内部其他人不一样的作用，是造成贫困代际传递的关键点[68]。

陈建东认为要从两个方面来考虑，即：增加低保给付标准，扩大低保覆盖面，让低收入人群的生产生活都能得到保障[69]。郑功成认为以往的社会救助项目较少，以保证居民生存需要为基础的救助模式，随着经济社会水平的提高，救助模式应该以项目为基础、向人文关怀和经济补贴同时展开的综合救助方式转型[70]。钟仁耀提出了要根据社会发展需要来进行支出型救助，支出型社会救助是指从家庭收入支出的角度出发，根据每个家庭的薄弱点制定有针对性的救助计划[71]。

魏众提出，必须优先发展经济，加大能源和交通等基础建设投入，并对贫困地区在公共投资和税收上给予一定的支持与补贴，政策上给予适度倾斜与优惠,贫困地区就可以战胜恶劣的自然条件,最终达到脱贫的目的[72]。张美涛提出,从选择到执行乡村扶贫工程,必须动员整个乡村所有人参加[73]。李坪构建了整体与个体相结合的脱贫机制,不仅要制定一套适合某个区域内全部居民的脱贫政策,还要关注个体之间的差别;并且根据该区域不同居民的特征,对每个家庭的经济情况进行统计,建立对贫困地区贫困脆弱性的动态监测,对居民的脆弱性进行估量,制定出相对应的救助政策,提升居民的人力资本水平,以提高抗风险的能力。将直接补贴与间接补助结合起来,这是扶贫工作的主要发展趋势[74]。

1.2.6 研究文献评述

目前代际收入流动理论主要从父代、子代两代人的人力资本和社会资本的视角,对代际传递的成因进行了阐释,其内容涵盖了政治、经济、文化、社会和自然环境等多个层面。与此同时,当前很多学者的研究都对影响代际收入流动性的因素进行了细致的分析,大部分的研究对象是某个国家或者几个国家之间的宏观层面,并基于国家数据库或者其他数据库的面板数据进行分析。本书将利用微观数据对单个地区进行代际收入流动性的测度以及相关研究,弥补现有关于区域代际收入流动性研究的缺失,并为代际收入流动性低的地区提出相应的对策。

国外的研究成果为国内相关研究提供了理论和方法支持。国内对代际收入传递的研究起步较晚,现有研究存在的不足主要有:一是研究对象上针对南疆四地州农户的全面系统研究匮乏。由于对新疆南疆四地州代际收入流动性的规律性探索明显不足,无法总结出代际收入在传递形成过程等方面所具有的同质性和异质性,因此也难以提出有针对性、差别化的提升代际收入流动性的政策。二是研究内容缺乏系统性。对新疆南疆四地州农户代际收入流动性低的事实主要是通过大量案例的拼凑得到的结果,而没有经过科学的实证调查来验证或证明这一结论。三是农户代际收入流动性及传递机制的实证研究较少,且主要集中在人力资本、社会资本等家庭内部因素,对家庭外部环境如自然地理条件、社会经济发展水平等的影响研究亟待加强。四是研究农户代际收入传递机制的实证方法以传统的计量模型为主,这只能说明各影响因素在收入代际传递中作用的相对大小,无法给出单个因素对整个传递机制的贡献率，更没有明确指出父代收入影响子代收入的各因素相互作用的传导路径。

1.3　研究目标与主要内容

1.3.1　研究目标

代际收入流动性关系到社会的公平性和社会的可持续发展，对于维护社会稳定具有积极意义。代际收入流动性较大时，人们会更倾向于从长期来看那些有利于经济发展和社会繁荣的政策，并在经济的效率和公平之间作出恰当的权衡；代际收入流动缓慢易造成社会个体机会不平等，削弱社会个体对社会公平的信心与观念，客观上会造成人们对未来的期望值和抱负值随之下降，同时导致在子代的人力资本上的投资下降，可能形成了一个较低的代际收入流动性和低水平经济发展的恶性循环。本书的研究总目标是在研究新疆南疆四地州代际收入流动性现状的基础上提出提升新疆南疆四地州代际收入流动性的政策建议，为新疆社会更加公平公正可持续发展贡献力量。

围绕总目标，本书提出了四大具体目标：一是弄清新疆南疆四地州发展现状，提出新疆经济社会发展的异质性。二是利用大量调研数据，测算新疆南疆四地州农户代际收入弹性，明确提出新疆南疆四地州是否存在代际收入传递的现象及新疆南疆四地州代际收入传递的程度，此外还要在收入约束条件下，探究不同收入情况下的农户代际收入传递的程度。三是解释新疆南疆四地州农户代际收入传递的机制，为制定提升代际收入流动性的政策建议做好关键因素铺垫。四是构建提升农户代际收入流动性的政策体系，以期解决实际问题。

1.3.2　主要研究内容

研究内容一：新疆南疆四地州经济社会发展现状。本部分利用新疆统计年鉴、新疆农村调查年鉴等数据，探究新疆南疆四地州的经济、社会发展情况，特别是针对新疆南疆四地州的经济总量、财政收入、社会教育资源、医疗资源及居民收入、居民消费等进行分析，形成较为全面的新疆南疆四地州发展现状。本书系统总结前人关于新疆南疆四地州代际收入弹性的研究，并在前人研究的基础上，利用实地调研数据，描述统计对比分析父代和子代健康状况、婚姻状况、收入、受教育程度、职业的相关性和差异性，同时提出合理假设。

研究内容二：新疆南疆四地州农户代际收入传递程度。从经济学的角度来看，对于家庭这样的社会基本单元，上一代积累的资源所进行的代际传承实质上是经济资源或经济地位的代际传承。摸清代际收入传递运行机制的首要前提是精确估算代际收入传递的程度，代际收入传递程度通常用代际收入弹性来衡量。本书将构建代际收入传递测度模型，即利用代际收入弹性分析父代收入影响子代收入的程度，从而验证新疆南疆四地州农户代际收入传递程度，并与其他学者的研究结论进行对比，阐述目前新疆南疆四地州的代际收入传递的总体趋势。此外，代际收入传递理论认为，不同地区、不同收入、不同教育背景、不同职业的群体代际收入传递程度具有异质性。根据以上假设，本书在综合数据可获得性的基础上构建以子代收入为因变量，父代人力资本、父代社会资本为自变量的代际收入模型，运用分位数回归法，分别计算不同收入下的父代收入对子代收入的传递情况，进而明晰不同收入群体代际收入传递的差异性特征。

研究内容三：农户代际收入传递机制。

第一部分，搭建农户代际收入传递理论分析框架。代际收入传递理论认为，在代际收入传递路径中，自然地理条件、社会经济发展程度、社会政策等家庭外部因素与家庭教育水平、家庭健康状况及社会关系等家庭内部因素共同影响家庭代际收入传递，即代际收入流动性不仅受到父代传递、还会受到外部环境影响，是一个多渠道、多方向传递路径。父代通过何种因素和渠道将收入传递给子代，哪些因素是核心因素，哪些因素是次级因素，都必须纳入分析中。通过家庭内部因素和外部因素分析，确定核心因素，分析其理论传递机理。

第二部分，农户代际收入传递机制实证分析。本部分将中间变量法和结构方程相结合，明晰影响代际收入传递的关键因素及其路径。主要内容包括：

（1）确定影响代际收入传递的关键因素。根据代际收入传递理论及前人研究成果来看，一般认为代际收入传递会受到家庭内部因素及城镇化水平、交通条件、自然地理条件等外生因素影响，因本书主要探讨的地区是新疆南疆四地州，该地区地理条件、自然环境、产业结构、社会治理方式等外生变量十分相似，因此本书暂不考虑外部因素对代际收入的影响，仅从家庭内部因素进行考量，家庭内部因素划分为人力资本、社会资本、财富资本。

（2）明确代际收入传递路径。构建结构方程 SEM 对影响代际收入传递的内生及外生因素进行验证和优化，并借助代际收入传递理论，利用结构方程寻找各因素影响代际收入传递的现实路径。

（3）选取典型地区和典型农户调查，深入挖掘新疆南疆四地州农户代际传递的形成过程、运行机理及其异质性。

研究内容四：提升代际收入流动性的政策建议。代际收入传递现象一旦形成，可能产生一种在短时期内无法轻易被改变的、与主流道德规范相悖的价值观和行为模式，难以通过紧急动员的方式加以解决，且代际收入传递受到内外部多种因素共同影响，是一个复杂、系统性的工作。考虑到影响代际传递的因素主要有外部因素与家庭内部因素，故本书将在实证研究及实地调研的基础上，结合乡村振兴与共同富裕的时代主题，提出差别化的综合政策体系，通过多种途径提升父代、子代的自我发展能力，实现提升代际收入流动性的效果。

1.4　研究方法和拟解决的关键问题

1.4.1　研究方法

一是文献调查法。国内外学者近年来持续对代际收入流动性进行研究，形成了较为丰富的研究成果，因此采用文献调查法对以往学术研究成果进行归纳总结，该方法在本研究课题的选题、技术路线等多方面具有重要的基础作用。

二是实地调查方法。本书具体采用个案调查、深入访谈、焦点问题讨论等方法，采集大量定性的典型案例和定量的问卷调查数据。本研究共计选择新疆南疆四地州的 12 个县中的 24 个乡、96 个村集体，获取第一手资料，调研数据具有较大代表性与实际意义。此外，采用国家统计局有关的宏观统计数据，力求将实地调查资料和各类统计调查数据进行相互补充、有机结合，以更加深入、细致、准确的数据作为分析基础。

三是计量方法。除对新疆南疆四地州发展现状、代际传递特征等进行描述性统计外，本书重点利用代际收入弹性模型、中间变量法、结构方程等对代际收入流动性、代际收入传递影响因素进行研究，揭示代际传递路径。

1.4.2　技术路线

第一，本研究在相关理论的指导下，拟依据"理论分析→统计调查→统计分析→研究结论"的路径，以新疆南疆四地州农户为研究对象，在梳理与总结大量国内外学者研究成果的基础上，以社会流动理论为指导，建立本书的理论分析框架。第二，本研究的区域为新疆南疆四地州，因此有必要对所研究区域的经济、社会发展情况进行分析，以外部视角揭示新疆南疆四地州代际收入传递的外部因素。第三，本书通过田野调查法获取大量问卷数据，结合研究内容对数据进行标准化处理，形成平滑的数据。第四，为测算新疆南疆四地州农户是否存在代际收入传递，建立代际收入 OLS 回归模型、二阶段回归模型及分位数回归模型，多维度对新疆南疆四地州农户代际收入传递进行测算。第五，运用中介变量法及 SEM 结构方程，对新疆南疆四地州农户代际收入传递的机制进行研究；最后构建提升新疆南疆四地州农户代际收入流动性的政策体系。

本研究的技术路线如图 1-1 所示。

1.4.3　拟解决的关键问题

一是构建新疆南疆四地州农户代际收入传递程度测度模型，测度新疆南疆四地州农户代际收入流动性，并与前人研究成果进行对比分析。

二是构建代际传递结构方程 SEM，探究新疆南疆四地州代际传递的机制及其影响因素。

三是根据实证结果，明晰影响农户代际收入流动性的主要因素及其路径，为提升新疆南疆四地州农户代际收入流动性提供政策启示。

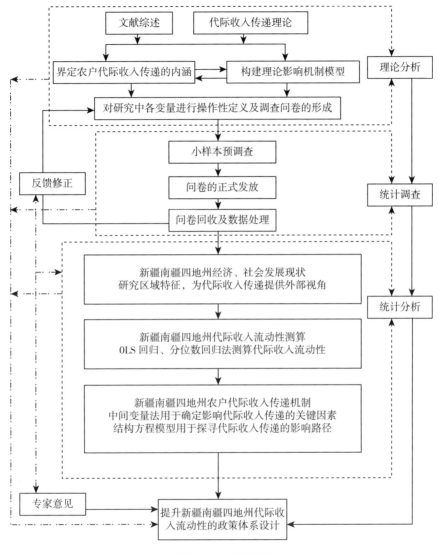

图 1-1　技术路线图

1.5　创新与不足之处

1.5.1　创新之处

国内外学者关于代际收入流动性研究存在着一定局限性。主要体现在：

一是诸多学者的研究主要聚焦在研究方法和机制剖析方面；二是研究区域一般以国家范围为准，对地区间的研究略显不足；三是较多学者都采用 CHNS 数据库或 CFPS 数据库，对中国居民的代际收入流动性或城市与农村居民的代际收入流动性之间进行对比分析，但当前以上数据库还没有吸收新疆南疆四地州数据，对南疆四地州这类特殊地区不具有参考性。

鉴于本书的研究对象、研究内容、数据方法等方面，本书的创新之处主要体现在以下四点：

一是研究区域为新疆南疆四地州，当前对该区域的相关研究还较少，本书深入具代表性的南疆四地州调查，探求南疆四地州的代际收入流动性以及父代对子代的传递与影响，是对既往研究中缺少特定地区代际收入传递这一研究内容的有效补充。

二是研究视角，本书从微观农户视角出发，揭示新疆南疆四地州代际收入弹性，并在不同收入约束下对新疆南疆四地州农户代际收入弹性进行了估计。

三是数据获取，当前针对新疆南疆四地州农户代际收入方面的数据较少，本书依托国家级课题，对新疆南疆四地州进行实地调研，获取第一手资料，填补数据空白。

四是研究方法采用理论分析和实证分析，突出不同收入群体的传递差异性。特别是本书研究发现了低收入到中等收入、中等收入到高收入阶层跨越时的代际收入传递现象尤其明显且传递程度较高，较低收入与较高收入阶层代际传递较为稳定的结论，这与其他学者针对大区域、单一性的代际传递研究结论具有较大区别，是本研究的重要发现。

1.5.2　存在的不足

主要表现在测度代际收入流动性的样本数量方面。因 CHNS 数据库、CFPS 数据库等公开数据库对新疆地区的数据覆盖量较少，且连续性不足，导致无法使用。本书所呈现的数据均为实地调研的形式获取第一手数据，因被调查人记忆、语言不通等问题导致仅能准确提供近五年的数据，本书在收入数据方面进行了标准化处理，但仍可能存在暂时性收入偏误和生命周期偏误。今后如果能获得该地区样本规模更大的、长期的家庭追踪数据，这项研究将有望得到更加准确的结论。

第 2 章

概念界定与理论基础

2.1 相关概念

2.1.1 新疆南疆四地州

新疆南疆四地州是指新疆西南部的克孜勒苏柯尔克孜自治州（简称"克州"）、喀什地区、和田地区与阿克苏地区。新疆南疆四地州周边与 6 国接壤，属于我国的西部边陲，区划面积 58.63 万平方千米，占新疆总面积的 35.2%。2022 年末，总人口 1 035.5 万人，占新疆总人口数的 40%。

2023 年 5 月 26 日中国共产党新疆维吾尔自治区第十届委员会第八次全体会议在乌鲁木齐召开，会上审议通过了《中共新疆维吾尔自治区委员会新疆维吾尔自治区人民政府关于促进南疆高质量发展的若干政策措施》，该文件扩展了南疆区域概念。在政策适用范围上，首次将巴音郭楞蒙古自治州及兵团南疆各师市纳入支持范围，即：将原南疆四地州扩大至南疆巴州、喀什、和田、阿克苏、克孜勒苏柯尔克孜自治州五地州和兵团南疆的第一师、第二师、第三师、第十四师。本书研究区域选定为原克州、喀什、和田及阿克苏地区，暂不涉及新扩充的区域。

2.1.2 农户

"农户"分为三个不同的概念。第一，按职业分类。以农业生产为唯一生活来源的人或家庭，不参与工、商业或其他行业经营。第二，按经济区分类。在农区内生活的家庭就是农户，与其相反的就划分为城镇或城市户。第三，按身份或政治地位划分。农户不享受政府有关福利。

本研究中的农户范围是按经济区来划分，并且父代与子代均为农村常住人口，其中包含几种类型的农户：一是纯农业户，这部分农户所有的生产活动全都是围绕着农业。二是一兼农户，这类农户以农业生产经营为主，同时还有其他一些非农产业的收入来源。三是二兼农户，主要收入来源于非农生产收入，但也兼顾到农业生产活动。四是纯非农业户，这类农户虽然户籍在农村，工作也在农村，但没有从事农业生产相关的活动，收入与农业并不相关。

2.1.3 代际收入流动性

按照社会流动理论，社会流动是指社会个体或群体的社会阶层、社会阶级、社会地位、职业等发生转移的过程，是一个相对、动态的变化过程。代际流动是按照社会流动的范围划分的一种垂直型、跨代的流动，具体到家庭，是指家庭中父代及子代收入、职位、社会地位等发生的垂直变化过程。代际流动性可以理解为父代、子代在流动过程中发生的相互关系，是判断社会是否公平的标准之一，同时也是衡量社会分层体系变化的标准之一。

国外学者 Dirk Vande 认为，代际收入流动性是判断社会个体教育及职业等要素是否发生水平、垂直的社会流动最主要的标志，也是社会个体能享有均等的发展机会的参照[75]。因此他的核心思想认为代际收入流动性用数学表达为代际收入的弹性，主要说明子代收入受到父代收入影响的多少，即：父代对子代收入的影响越大，代际收入传递越显著，此时弹性越大；代际收入流动性越低，相对的代际收入弹性越小，表示代际收入流动性越高，代际传递不明显，说明父代对子代的收入影响越小。

2.1.4 人力资本

人力资本是一种个人所产生的能够在经济活动中对价能力或获得增值的能力，是一种无形资产。1906 年费雪最早提出了"人力资本"这一概念，但最早提出人力资本理论并对人力资本进行详细阐述的是西奥多·W·舒尔茨。在经济学上，人力资本被认为是劳动者自身形成的一种原始资本，它与"物质资本"的概念相反[76]。

我国学者李建民指出人力资本是劳动者后天获得的知识、技术、能力和健康等质量因素之和，且具有经济价值，他认为人力资本应该是通过劳动力市场的薪资定价机制影响到市场定价的，再靠校园教育、家庭教育、职业教育、卫生医疗、劳动力迁移与就业信息收集等渠道获得，是劳动者未来劳动生产效率和对应的劳务薪酬、劳动者身上所具备的技能、知识、健康、经验等的总和[77]。无论是国外还是国内，大部分学者认为人力资本主要分为技能、受教育程度和健康这三个内容。由于本书研究对象为农户，劳动技能无明显可衡量的差距，故本书以农户的健康状况、受教育程度（学历）来作为个体人力资本。

2.1.5　社会资本

社会资本指能够通过协调的行为来提高经济效率的社交网络、规则等，社会资本既可以直接对个体的收入、教育、医疗状况产生影响，又可以加强或者减弱收入不平等的影响作用。社会资本的产生主体可以是个体也可以是团体或者企业等。我国学者陈琳和袁志刚归纳了对社会资本有重要影响的因素，如党员、工会、宗教团体、协会成员、工作单位性质、有无行政职务、管理人员规模、人情礼支出等[33]。由于新疆南疆四地州农户受教育水平趋同、社会关系单一等现实情况，结合可量化的考量，本书采用职业作为农户社会资本。

2.1.6　财富资本

财富资本一般是指居民拥有的房产、土地、金融资产、耐用品和现金等可使用、可变现的财富。南疆四地州农户房产、土地等资产现阶段无明确估值，且通过调研发现新疆南疆四地州农户基本无金融资产，生产工具等耐用品现阶段考虑到折旧等进行评估存在一定困难，故本书考虑到数据的可获取性，统一以农户近五年的平均收入作为研究中的财富资本。

2.2　理论基础

2.2.1　社会流动理论

社会流动是指社会中的个体或群体的社会阶层、社会地位、职业等发生转移的过程，是社会结构发生变化的主要方式和重要的自我调节机制之一。西方学者 19 世纪末开始了对社会阶层与社会流动的研究，但率先将社会流动形成系统化理论的是俄裔美国社会学家索罗金[78]。社会流动理论按照不同的标准可以将社会流动分为不同的形式，其中按照流动方向可以分为垂直流动及水平流动，这两种流动对个体而言主要为社会地位、职业等方面的流动；按照流动的范围可以划分为代际流动及代内横向流动；根据流动的规模还可以将社会流动分为个体流动和群体流动；根据流动的原因可以将社会流动划分为结构性流动与自由流动。此外，根据流动的动力，可以将社会流动划分为竞争性流动及赞助性流动。由于资源禀赋差异及个体差异，随着社会生产力的提升，社会结构会自行分化，形成不同的社会层级，且社会分层较高的群体会利用自身优势对社会分层较低的群体进行有形或无形的剥削与掠夺，造成阶层间的固化与对立。因此合理化的社会流动对缓解阶层对立，打破阶层固化具有重大社会意义。此外，对于社会个体来说，通过个体努力最终实现阶层跨越，是社会不断进步的内生动力。

国内学者李路路认为，我国的社会流动的动力主要是 20 世纪 80 年代推行的"现代化建设"及社会制度改革，她认为在国家大力推行现代化建设的过程中，快速迭代的技术革新产生的新的技术需求与应用，对于个体及社会资源均形成了不同的调整，从而实现社会资源的合理化分配，打破了原有固化的发展模式及个体流动限制，更重要的是提升了个体经济自主性，形成了除个体流动外的农民工等团体流动现象。此外，社会制度变革对社会流动也将产生积极的影响，主要体现在改革开放后实行的家庭联产承包制、开创性地实施社会主义市场经济制度等，破除了原有制度的束缚，进一步提升了社会生产力，促进了社会的流动，同时也提出经济变革不是一蹴而就的，需要长期的过程，因此社会流动的主要动力来源于经济发展产生的资源分配[79]。

早期国外学者对社会流动的起因、影响等做了系统性研究，其中美国社会学家布劳和邓肯通过对美国社会长期进行的调查研究显示，子代学历、职业及父代职业等三因素是决定子代能否实现社会流动的关键，其中核心因素是子代教育投入[80]。近年来国内学者逐渐聚焦社会流动中的代际流动研究，以期能够从代际流动的角度提出解决日益拉大的贫富差距和阶层固化倾向加重的问题。姚先国对代际收入流动机制的研究中提出，经济、制度和职业结构是影响代际流动的主要因素。他从社会流动是不是自主性的角度，将社会流动分为由于制度调整等非自主产生的社会流动判定为结构性流动，将自主产生的社会流动判定为非结构性流动。他认为，制度变迁能够引起社会结构性流动，从而改变家庭的经济流动，造成家庭的非结构性流动，最终形成了代际的流动。同时他认为家庭代际收入流动的程度是由非结构流动决定的，且结构流动在一定程度上也能够倒逼非结构性流动[64]（图 2 - 1）。

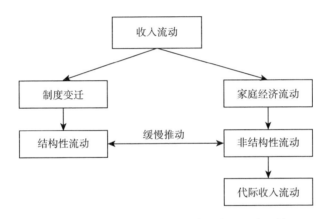

图 2-1 社会流动理论下的代际收入流动机制

2.2.2 人力资本理论

西奥多·W. 舒尔茨在 1960 年美国经济年度会议上，首次提出了"人力资本"这一概念，并对其内涵、运行路径、与经济增长之间的联系进行了解释，从而形成了"人力资本"这一理论。舒尔茨提出人力资本不仅是推动经济增长的主要动力，而且是推动经济增长的关键要素，其持续积累又能推动经济和社会的持续发展；个体文化水平的提高对个体收入的提高有直接的作用，从而减少了社会贫富差距；个体可以通过某些途径，到学校去接受教育，从而获得知识，或是通过提高自己的专业技能，或是通过在健康、医疗和受教育程度等方面的投入，来提升自己的人力资本，从而推动经济的增长。所以，在没有其他外界因素的影响下，人力资本将会不断地积累，并将其由量变转变为质变，这可以提高发展中国家或者低收入水平地区的居民的收入，从而促进经济发展[76]。

2.2.3 福利经济学理论

福利经济学理论是 20 世纪初期英国经济学家霍布斯和庇古为了研究社会经济福利，创立的一种经济学理论体系。《福利经济学》《产业变动论》《财政学研究》中均提到了"经济福利"的概念，提倡居民收入的均等化，并且还建立了效用基数论。

福利经济学与实证经济学和规范经济学是不同的。实证经济学是一种在没有社会评价的情况下，对经济系统如何运行、运行原因进行了解释、对"是""不是"的问题进行回答。规范经济学的目标就是社会对一个经济体系的运作过程做出评价，并对这个系统的运作给出一个"好"或"不好"的答案，因此也可以说福利经济是规范经济学的范畴。

经济学中重要的两个分析工具是帕累托效率和消费者剩余。所谓"帕累托效率"，就是无论发生怎样的变化，都无法在不损害他人的前提下，让自己的状况有所改善的这样的状态。根据这一原则，一种能提高每个人的福利，或能提高一部分人的福利，而另一部分人的福利未受损害的情况下，这样的变革是有益的；当所有人的福利都在下降时，或一部分人的福利提高而其他人的福利下降时，这种变化是有害的。

马歇尔提出了"消费者剩余"的概念，即随着消费量的增加，每增加一单位商品所带来的边际效用会逐渐减少。产业的社会福利等于消费者剩余加上生产者剩余之和，或者等于总消费效用与生产成本之差。马歇尔对消费者剩余理论及其政策的研究成果，在福利经济学中起到了重要的作用。

2.2.4 低水平收入均衡陷阱理论

1956 年美国经济学家尼尔森在其发表的文章中，详细对低水平收入均衡陷阱理论进行了介绍。该理论认为，人口规模和国民收入都会随着人均收入的提高而改变，但是，在收入增长较低的水平下，如果人均收入低于其应有的理论值，那么，人口的增长率就会超过国民收入增长率，人口增长速度会侵占收入增长的一部分，从而使人均收入恢复到原来的水平，回到最初只能维持生计的水平线，并在一定程度上维持着稳定的状态，保持不变，这就是低收入水平均衡陷阱[81]。尼尔森认为人均收入水平低是造成低水平收入均衡陷阱的主要原因，想要脱离低水平收入均衡陷阱就要提升人均收入。关于提升收入，尼尔森认为核心是国家投资进行大型基础设施建设，吸引大规模投资，促进劳动者长期、稳定就业，获得稳定的收入，且收入增长的速度必须大于人口增长速度，这样人均收入才能持续增长，而不被人口增长超越，从而解决收入不均的问题，推动整体经济的发展。尼尔森认为在人均收入超过人口增长后，会在一段时间内保持一定的增长速度，会产生一种正面的影响，从而使国民收入增长速度大于人口增长速度，使人均收入相应地增加。

所以，对于发展中国家或经济发展程度较低的地区来说，资本的缺乏或资本积累量偏低可能是造成其经济水平低下的主要原因，这个理论认为，通过全面的或大规模的投资，可以使资本的积累速度获得更大幅度的提高，以满足经济增长所需的动力。

2.2.5　循环累积因果关系理论

瑞典经济学家 Gunnar Myrdal 是循环累积因果关系理论的创始人，他于 1957 年在其著作《经济理论和不发达地区》中首先提出了"循环累积因果关系理论"。他认为，经济社会体制是一个不断演化的过程，在这个变化过程中，技术、社会、经济、政治、文化等要素都会对其产生积极的影响。然而，这些要素之间的关系并不是守恒的，也不是趋于平衡的，而是以一种循环往复的方式进行，并逐渐形成累积的效应[82]。

因为低收入水平循环累积的发展困境，这些发展中国家和低收入地区的人均收入水平比较低，因此导致了居民的生活质量偏低，这就导致了在教育水平、卫生医疗等方面的落后，而这些方面的落后又会导致人力资本质量、人民健康水平的下降，进而影响到劳动力在劳动生产活动中的质量，进而导致生产力和经济发展水平的下降。这就会导致一个国家或地区在相当长的一段时间内，经济发展停滞不前，进而导致国民人均收入下降，再一次陷入了恶性循环。Gunnar Myrdal 的理论认为，经济发展和其他社会因素是相互作用的，发展中国家的贫困状况不只是一种低收入状况，而是多种因素综合作用的结果。所以，Gunnar Myrdal 提出，一个国家或地区要通过改革来实现"社会的平等"，从而提高贫困主体的收入水平，形成一个持续上升的消除因果循环的通道，逐渐走出发展中国家或地区低收入累积循环的发展困境。

第 3 章

理论分析框架

　　本书的理论分析建立在社会流动等理论基础之上，借鉴了 Becker 和 Tomes 关于代际收入流动性理论开展研究。由于当前诸多学者对代际收入流动性及代际传递机制的研究范围主要为宏观层面，对某一特定区域、特定社会群体的代际收入传递研究涉及较少，本书首先从社会学角度解释社会流动的原因、特征等；其次探究新疆南疆四地州农户这一特定区域的特定人群收入是否存在代际传递？传递程度如何？父代通过什么途径影响到子代，影响的程度；三是基于人力资本理论及社会资本理论，推导出代际收入传递的内涵与可能存在的传递路径，并提出理论假设；四是通过实证分析验证理论假设的正确性。

3.1　代际收入流动性估计

　　代际传递的有关理论及众多研究成果表明，影响代际收入传递最重要的因素有三个，一是人力资本，二是社会资本，三是财富资本：父代的受教育程度对子代收入产生影响，不同教育背景及教育程度的父代对教育认知和对子代教育可支付能力均有不同的影响，因此教育能够间接增加子代的人力资本，进而对其经济收入产生影响；父代拥有的社会资源会对子代收入产生影响，从而对子代的家庭经济状况产生影响；父代其他特征也会对子代的收入产生不同程度的影响。

　　Becker 构建的最基础的代际收入流动性理论分析框架，即：理论上一个家庭只有一个子代，且父代除满足自身消费外，其余部分均会对子代的人力资本进行投资，故父代收入预算约束为：

$$Y_{t-1} = C_{t-1} + I_{t-1} \qquad (3-1)$$

式中，Y_{t-1} 表示父代收入，C_{t-1} 表示父代用于消费的支出，I_{t-1} 表示父代对子代人力资本的投资。

父代除自身消费外，其余部分用于对子代进行投资，表示为式中的 I_{t-1}，而父代对子代的投资形式主要为以教育为主的人力资本投资，并最终转化为子代收入，形成了子代收入的提升，如式 3-2 所示：

$$y_t = (1+r)I_{t-1} + E_t \qquad (3-2)$$

式（3-2）中，y_t 代表子代收入，r 代表人力资本投资回报参数，E_t 表示除人力资本外影响子代收入的其他综合因素。

作为父代，既要满足自身人力资本、社会资本及财富资本的增长，实现自身效应最大化的同时，基于代际传递的考虑，会兼顾对下一代的投资，最终效应最大化的函数如式（3-3）所示。

$$Max.U = (1-\alpha)\log C_{t-1} + \alpha \log y_t \qquad (3-3)$$

式中，$Max.U$ 表示最大化父代收入效应，C_{t-1} 表示父代消费，y_t 表示受父代投资下的子代收入。

若对式（3-3）进行求一阶导数，可得到的最佳投资结果为：

$$I_{t-1} = \alpha y_{t-1} - \frac{(1-\alpha)E_t}{1+r} \qquad (3-4)$$

将式（3-4）代入式（3-2），得到如下结果：

$$y_t = \beta y_{t-1} + \alpha E_t \qquad (3-5)$$

式中 $\beta = \alpha(1+r)$，对 E_t 进行分解，可以得到式（3-6）：

$$E_t = e_t + u_t \qquad (3-6)$$

式中，e_t 代表了子代赚钱的禀赋，u_t 代表子代的"偶然运气"。

Becker 认为，子代的禀赋仍受到其所处家庭的社会地位和影响力的关系，也就是家庭所代表的社会资本的影响。

在以上分析的基础上，Becker 做了如下假设，即父代的禀赋 e_{t-1} 正向影响子代禀赋 e_t，且 e_t 是符合一阶自回归模型的，故得到式（3-7）。

$$e_t = \lambda e_{t-1} + v_t \qquad (3-7)$$

式中，λ 大于等于 0，λ 是小于 1 的，且 v_t 与方差 σ_v^2 无关。

判断式（3-5）中的 E_t 与 y_{t-1} 是正相关还是负相关是以式（3-7）中的 λ 是否大于 0 进行判断的，因此将式（3-6）代入到式（3-7），可以得到父代与子代的收入的传递关系，如式（3-8）所示：

$$y_t = \beta y_{t-1} + \alpha e_t + \alpha u_t \qquad (3-8)$$

若 β 大于 0 小于 1，那么 $\sigma_e^2 = \dfrac{\sigma_v^2}{1-\lambda}$ 为 e_t 的方差，σ_u^2 被视为 u_t 的方差，则父代与子代的关系如下：

（1）若 $\sigma_e^2 = 0$ 或者 $\lambda = 0$，那么式（3-8）是一个一阶自回归模型，且包含了白噪声，父代与子代间的代际收入关系可以用系数 β 表示。

（2）若 $\sigma_u^2 = 0$，那么式（3-8）是一阶自回归模型且包含了误差项。

在以上方差不同的情况下，模型估计结果不会完全一致，因此，为科学反映父代与子代的代际传递关系，当 $\lambda > 0$ 时，$(\beta+\lambda)/(1=\beta\lambda)$ 可以认为该模型可以合理解释父代与子代间的代际传递关系，综合其他变量，且 $\delta = \alpha^2\sigma_u^2/[(1-\beta^2)\sigma_y^2]$，得到式（3-9）：

$$\mathrm{Corr}(y_t,\ y_{t-1}) = \delta\beta + (1-\delta)[(\beta+\lambda)/(1+\beta\lambda)] \qquad (3-9)$$

3.2　代际收入传递机制

3.2.1　人力资本视角下的代际传递

人力资本理论提出，若要实现人力资本积累，主要的方法有教育资金投入、卫生保健投入、对劳动力进行区域流动的资金投入、知识与技能培训的经费投入等四个方面。当一个人的人力资本累积到一定程度后，将能够在劳动力市场中对价交易实现人力资源变现，即实现了人力资本的转化。

从人力资本的角度来看，父代收入向子代的转移主要表现为直接效应和间接效应。不少学者对此进行了探索。在这一过程中，Becker 首先讨论了父代在家庭消费、金融投资、教育投资等行为上的权衡。该模型能较好地反映各代之间的收入变化情况。Moaz 等[83] 和 Nakamura[84] 等假设父代与子代的人力资本为离散变量（有无学历），也得出了类似的结论。人力资本（如教育、健康）是通过基因、行为（如父代言传身教等）实现代际传递的。

Akbulu 以 NLSY 数据为基础，对父代的身高、体重以及其他健康指标进行了分析，得出了父代的身高、体重以及其他健康指标与其子代的身高、体重以及其他健康指标之间存在着较高的相关性[85]。Eriksson 的研究也表明，亲子关系对儿童的身心健康有很大影响[86]。Currie 等对家庭环境、遗传等因素进行了研究，结果显示，母亲的出生体重较轻，其后代的出生体重也较轻[87]，这说明了家庭健康存在着代际传承的因果联系[88]。

在此基础上，通过对已有文献的分析，可以认为"人力资本"在代际传递中起着重要作用。首先，父代收入水平既取决于父代的人力资本积累，又取决于父代对子代的投入，因此，父代的收入会对子代的人力资本产生一定的影响，而子代的人力资本又会对子代的收入产生一定的影响，因此，我们可以假设，父代的收入会对子代的收入产生一定的影响，这是一个间接的传递过程。其次，父代所拥有的人力资本会通过基因和非基因两种方式传递给子孙后代，从而对子代的未来收益产生影响（图 3-1）。

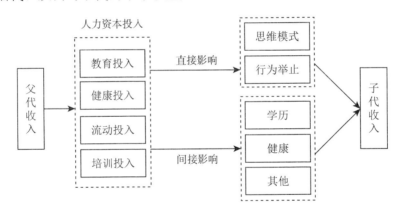

图 3-1　人力资本视角下的代际收入传递机制

考虑到父代收入是有限的，因此父代不可能将全部的收入均用于投资子代的人力资本，因此作为理性人，父代势必会在收入预算约束下进行对子代的人力资本投资，且考虑了父代的消费情况，即可用式（3-10）表示：

$$y_{i,t-1} = C_{i,t-1} + I_{i,t-1} \qquad (3-10)$$

式中，父代收入表示为 $y_{i,t-1}$，消费表示为 $C_{i,t-1}$，父代对子代人力资本的投资表示为 $I_{i,t-1}$。

子代获得父代一系列人力资本投资后，最终会转化为子代收入，并以子代收入增长的形式进行呈现，如式（3-11）所示：

$$h_{i,t} = \theta \log(I_{i,t-1}) + e_{it} \qquad (3-11)$$

其中 $h_{i,t}$ 为子代收入，其中 θ 表示父代对子代人力资本投资的边际产出，子代的人力资本禀赋用 e_{it} 表示。$\theta > 0$ 表示父代对子代的人力资本投资产生正向的产出，式（3-11）说明父代在对子代的人力资本投资中的边际产出不是一成不变的，会根据要素边际报酬递减的规律而递减。

此外，由于子代人力资本禀赋会受到遗传影响，因此在式（3-11）的基础上，人力资本禀赋表示为式（3-12）：

$$e_{it} = \delta + \lambda e_{i,t-1} + \upsilon_{it} \qquad (3-12)$$

式中，遗传系数 λ 是大于 0 小于 1 的，误差项使用 υ_{it} 表示。

最后可得，子代收入半对数收入函数如式（3-13）所示：

$$\log y_{i,t} = \mu + p h_{it} \qquad (3-13)$$

式中，人力资本的价值用 p 表示，其他收入用 μ 表示。

3.2.2　社会资本视角下的代际传递

社会资本这一概念最早由 Jacobos、Coleman 和 Burt 等学者带入社会学与经济学领域[89-91]。目前，对社会资本的研究主要从微观和群体两个层面展开[92]。微观层面认为社会资本是劳动者通过社会网络调动有限的资源，从而帮助他获得更多的机会的能力；从集体层面来看，社会资本是一种通过群体提高经济效率的制度设计，其核心方式是必须获得成员信任、具有较强的社会关系网、具备良好的行为规范。社会资本是三个核心资本中最难以衡量和说明的，因此从微观层面对社会资本在代际收入流动中起到的作用及贡献率进行分析比较合适。林南从资本视角研究了社会关系不公平对劳动者经济收入的影响。社会资本通过"资本赤字"和"回报赤字"两条途径对经济收入不均等产生作用[93]。资本赤字指的是因为投资或机遇等原因，不同的社会群体所拥有的具有差异性资本的程度，而回报亏损指的是某种特定数量或质量的资本，给不同的社会群体所带来的收益程度的不同。对于家庭富有的子代来说，他们的经济收入可以迅速增长，除了他们拥有的更多社会资本之外，还有一个重要的原因，就是他们的子代在相同的条件下，可以获得更高的投资收益，或者可以获得更多的其他资金。

在某种程度上，社会资本也是个体社会生产力水平的直接表现，父代的社会资本在子代的生长过程中也发挥出重要作用，因此，父代的社会资源的不同可能导致子代成年后的经济收入的不同。但是，在另外一个层面上，很多学者都认为，近年来随着我国政策体制的不断完善，社会网络对个体经济收入的作用会越来越弱。以往的相关文献主要关注社会资本对经济增长的正面影响，但社会资本不均衡的问题关注较少，并且拥有不均衡的社会资本的农户是否具有收入的公平性也研究得不够。边燕杰指出，早期的中国社会形成了一种以人际关系网为主体的社交网络，它能直接为个人提供获取经济收入的渠道，并在市场经济逐步开放的情况下仍具有很大的影响力[94]。由此，丰富的社会关系在促进劳动者财富增加的同时，对经济收入在代际间的传递产生了影响，也对整个社会经济产生了一定的影响。劳动者社会资本的分布不均衡，由于公共部门掌握了更多的社会资源，且具有掌控资源的身份优势，因此在较为封闭或半封闭的市场状态中，公共部门的资源优势将被进一步放大，导致私营部门的作用得不到充分发挥。另外，公共部门不仅进入门槛要高于私营部门，并且子代从事职业与父代职业呈现靠拢的趋势，或存在着与父代完全相同的职业，这种职业代际现象，将对我国劳动力市场的流动性和就业机会的公平性产生更大的影响[95]。由此推断，伴随着我国市场经济体制的转变，社交网络对劳动者经济收益的作用将日益增强（图3-2）。

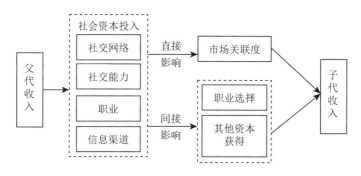

图3-2　社会资本视角下的代际传递机制

3.2.3　财富资本视角下的代际传递

进入21世纪以后，全球的贫富差距和收入差距进一步扩大，美国经济学家库兹涅茨认为，在经济发展过程中倒"U"形曲线能够很好地表达贫富差距。即劳动者的收入差距会逐步扩大到峰值，然后逐步减小，最终达到一个相对稳定的水平，而经济的发展能够对贫富差距的扩大起到一定的抑制作用。Piketty使用了大量的市场数据，他发现社会中的贫富差距遵循"U"形发展规律，即当一个国家的经济向上发展时，社会的贫富差距会先减小到最低，然后再逐渐增大，同时资本的收益率也会一直大于经济自身的增长率[96]。

　　虽然在劳动者的经济价值中，收入是最重要的部分，但在家庭资本的传递中财富起着不可忽视的作用，在研究代际收入流动性相关问题时都要考虑到财富资本。由于我国居民的贫富差距较大，且具有高度的可传递性，使得我国居民的收入在代际传递中更加凸显。Piketty把"财富"的界定为在一定时期一个区域内的居民拥有的可流通财产的总价值[97]，即资产总和再减去总负债后的剩余价值。总体而言，在富裕阶层的资产结构中，金融资产的比例是高于其他阶层的。中产阶层的资产结构主要是房屋与土地，而贫困阶层则因其贫穷而无法购买不动产，因此，贫困阶层的资产构成主要来自耐用品和现金，缺乏金融产品，所拥有的较少的金融产品中也存在着十分明显的结构化差异，而且其投资收益也存在着很大的差别。我国城镇地区的财富和资本分布比乡村地区更不均衡。这是由于农民的收入水平较低，其资产构成以土地为主，且土地分布较为平均。而城市居民的资产结构主要是金融资产和房产，但在城市高收入群体和中产阶层中，金融资产和房产的比例构成有很大的偏差，因此，分配均等化水平不高。

　　由于财富资本具有较高的可继承性，且当前很难制定有效的预防措施，这就导致了劳动人口不断地对家庭财富资本进行投资，从而影响了他们通过对后代进行投资的行为。当父代想要给予子代投资之外的人力资本，其动机是在较高的教育回报率下，消耗现有的家庭财富，为子代在未来获取更大的经济利益，这时，家庭中的财富不平等就会对代际收入流动性产生一定的影响。而这种影响的大小，也是由另外两个因素共同决定的，那就是提高人力资本投入的代价和家庭社会财富的积累水平。当社会财富总量达到一定的水平后，在一定的投资动机与融资成本下，这种不平衡会对儿童的人力资本分配与社会收入弹性产生明显的影响。随着我国金融市场的扩张，以及国家金融政策的推动，高收入人群能够通过借贷金融资产获得更高的经济回报，而低收入人群也能够通过借贷获得足够的资金，为他们的子代提供人力资本。在此基础上，提出了一种新思路，即：在不同区域、不同代际间、不同阶层间，以及不同资源配置下的收入都存在着差异。在不同的经济政策下，不同的资产配置对代际收入流动性的影响也不一样[98]。

中国家庭中，除子代从父代直接继承财产外，夫妻之间的财产转移也是一种重要方式，但目前对这一现象的研究还很少。受中国婚嫁传统的影响，父代的"彩礼"和"嫁妆"，如房子、车子、金钱等，经常会把财产转嫁给子代，尤其是"门当户对"等观念，更是造成了贫富差距不断扩大，从而导致了社会的不平等[99]（图 3-3）。

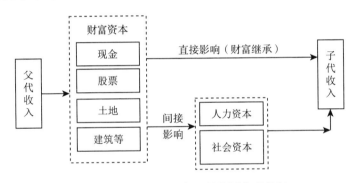

图 3-3　财富资本视角下的代际传递机制

针对财富成本的测算方法，考虑直接继承的情况下，学者一般选择代际传递的弹性来进行测算，即子代收入中有多少是继承自父代，或有多少是受到父代的影响。大多数学者对此问题的探讨，大都是以最小二乘法（OLS）为基础，运用 OLS 模型测度父代与子代之间的代际流动，进而探讨家庭收入的分布。此后，越来越多的人开始使用分位数回归，并以此为基础，建立了一套关于不同阶层间流动性的转移矩阵。Eide 利用分位点回归的方法发现，分数越低的人，他们的收入就越不具有流动性[10]。Peter 利用转移矩阵分析方法得出，在四分之一分位之下和四分之一分位之上的家庭，其父代与子代的代际收入流动性是最小的[100]。Solon 等学者对代际流动性的测算做出了巨大贡献，其所创立的回归模型也成为研究代际收入流动性估计的模板。

$$Y^{child} = \alpha + \beta \cdot Y^{father} + \varepsilon \tag{3-14}$$

式中，代际收入弹性系数用 β 表示，常数项写为 α，误差项用 ε 表示。

父代收入与子代收入之间的关系使用代际收入弹性进行估量，当代际收入弹性越大时，父代与子代的经济收入相关性较高，则会降低代际收入流动性。然而现有研究中 β 只是对父代与子代的经济收入进行了相关分析，并不能很好地解释这一现象的发生原因。尽管在有关的理论研究中，人们发现，在代际收入传递中，基因与人力资本的投入是影响世代间收入转移的关键因子。然而，由于模型变量具有较强的内生特性，研究结论中很难得到直接的因果关系。另外由于长期收益无法被直观地监测，所以经常会用其他的收入变量来代替。传统的研究方法是以父代与子代在多年内的平均所得作为其永久收入，但劳动者的收入在生命周期中呈现出"U"形的曲线，要对数据做平滑处理或加入年龄因素进行估计。

$$\frac{1}{T}\sum_{t=1}^{T}\ln Y_{it}^{L} = \ln Y_i^{L} + \rho_1^{L}A_i^{L} + \rho_2^{L}(A_i^{L})^2 + \eta_i^{L}$$
$$L = \in \{child, father\} \tag{3-15}$$

式中，劳动者永久使用 $\ln Y_i^L$ 表示，劳动者第 T 年的收入用 $\ln Y_{it}^L$ 表示，劳动者生命周期最高收入用 $Y_{it}^L > 0$ 表示，A_i^L 为劳动者年龄因素，i 为家庭。

此外，为保证父代、子代收入周期波动的异质性，此处对父代与子代的永久收入进行独立估计，得到以下代际收入弹性模型：

$$\frac{1}{T}\sum_{t=1}^{T}\ln(Y_{it}^{child}) = \alpha + \beta\frac{1}{T}\sum_{t=1}^{T}\ln(Y_{it}^{father}) + A_i\rho' + \mu_i$$
$$\rho' = [-\beta\rho_1^{father}, -\beta\rho_2^{father}, \rho_1^{child}, \rho_2^{child}] \tag{3-16}$$
$$A_i = [A_i^{father}, (A_i^{father}), A_i^{child}, (A_i^{child})^2]$$
$$\mu_i = \varepsilon_i + \eta_i^{child} - \beta\eta_i^{child}$$

为避免父代短期收入与永久收入间的差额影响代际收入弹性系数，可以用下式表达平均短期收入与永久收入的关系：

$$y_{it} = y_i + \upsilon_{it} \tag{3-17}$$

式（3-17）即为劳动者的收入动态方程，其中劳动者在 T 时期内的收入用 y_{it} 为表示；劳动者的真实终生收入用 y_i 表示，两种收入的测量误差用

v_{it} 为表示，当公式中斜率恒为 1 时，则 v_{it} 序列不相关，且与劳动者的终生收入也不相关。

$$plim\hat{\beta}=\beta\mu<\beta$$
$$\mu=\sigma^2_{y_0}/(\sigma^2_{y_0}+\sigma^2_{y_0}/T) \qquad (3-18)$$

劳动者终生收入与测量误差的方差为 $\sigma^2_{y_0}$，是模型中的衰减偏误，其中的 μ 就是衰减因子。随着时间的延长，模型偏差会逐渐缩小，但无法完全消除。

为解决模型出现向下偏误或遗漏变量导致的向上偏误，一般采用工具变量法进行解决，但 Solon 在实际测算中注意到存在遗漏变量偏误的可能，工具变量的估计值也存在不一致的问题，因此，假设子代真实的终生收入方程为：

$$Y^{child}=\alpha+\beta_1 \cdot Y^{father}+\beta_2 \cdot E_i+\varepsilon \qquad (3-19)$$

式中 E_i 为父亲的受教育水平，λ 为父亲终生收入和受教育水平的相关系数，则：

$$plim\hat{\beta}_1=\beta_1+\frac{\beta_2\sigma_E(1-\lambda^2)}{\lambda\sigma_y^{father}}>\beta_1 \qquad (3-20)$$

终生收入与受教育水平的标准差分别用 σ_y^{father} 与 σ_E 表示。

工具变量估计会产生向上的偏误，因此将工具变量估计值当作代际收入弹性系数的估计上限。最小二乘法和工具变量估计法为代际收入弹性的估计提供了上下限[3]。

第 4 章

新疆南疆四地州发展现状

新疆南疆四地州自然环境比较恶劣、生产条件较差等多种因素导致经济发展水平较新疆总体经济发展水平相对滞后，虽于 2020 年底实现了现行标准下贫困人口完全脱贫，但当前仍是新疆乃至全国实现乡村振兴、实现共同富裕的短板，因此持续推动南疆四地州社会经济发展，关系到新阶段国家巩固脱贫成果及实施乡村振兴战略，关系到"稳疆兴疆、富民固边"战略的实施，对维护民族团结，巩固边防，实现新疆社会稳定和长治久安，具有非常重要的现实意义。虽然较多的学者对新疆南疆经济社会发展的研究都有涉及，但结合代际流动性的研究较少。根据社会流动理论，社会流动主要有制度变革等导致的结构性流动和家庭内在因素导致的非结构性流程两种。探究新疆南疆四地州经济社会发展，对了解新疆南疆四地州社会流动、家庭代际流动具有积极作用。本章拟通过地区生产总值、财政、居民储蓄、居民可支配收入、教育、医疗资源等维度对新疆南疆四地州经济、社会发展进行全面分析，从宏观视角探究新疆南疆四地州发展现状，以期为新疆南疆四地州代际收入流动性测算进行外部数据铺垫。

4.1 经济发展概况

4.1.1 地区生产总值

从地区生产总值看，2022 年南疆四地州 GDP 总量为 3 816 亿元，仅占新疆总体 GDP 总量的 21.5%，远远低于南疆四地州国土面积、人口数量占全疆的比例。从南疆四地州内部来看，阿克苏地区、克州地区、喀什地区、和田地区 GDP 总量分别为 1 740 亿元、217 亿元、1 369 亿元、491 亿元，占新疆 GDP 比重分别为 10%、1%、8%、3%，其中克州及和田地区 GDP 占比较小。

2012—2022 年南疆四地州的地区生产总值呈现出总体稳步上升的发展趋势（图 4-1），2012—2018 年平缓增长，2018—2022 快速上升。其中，地区生产总值增长最快的是喀什地区，2012—2022 年增长了 851 亿元，其次是阿克苏地区，增长了 792 亿元。克州地区生产总值最低，到 2022 年还是保持在末位。和田地区生产总值在 2012 年虽然只有 145 亿元，但到 2022 年时已经增长到 491 亿元，地区生产总值已经增长了 2 倍多（2012 年和 2013 年阿克苏地区生产总值表现异常增高，这是因为这两年的总量包含了兵团的 GDP 数值）。

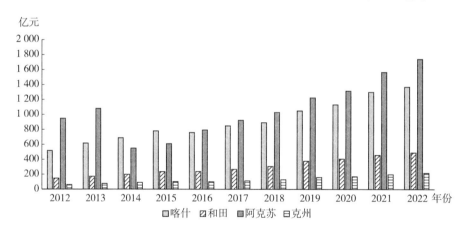

图 4-1　2012—2022 年南疆四地州 GDP 情况

资料来源：2012—2022 年新疆统计年鉴。

4.1.2　人均地区生产总值

地区生产总值受区域自然条件、人口规模等多方面影响，不具备各区域横向比较的价值，但人均 GDP 可以从个体的角度基本反映当地的经济发展情况。新疆 2022 年人均 GDP 54 280 元，同期新疆南疆四地州平均 GDP 26 414 元，仅占新疆同期人均 GDP 的 48.7%，其中阿克苏地区人均 GDP 42 531 元、仅为新疆同期的 78%，克州地区 25 555 元，仅为新疆同期的 47%，喀什地区

22 647 元，仅为新疆同期的 42%，和田地区 14 923 元，仅为新疆同期的 27%。

通过数据可知，当前新疆南疆四地州人均地区生产总值与新疆人均地区生产总值仍存在巨大的差距，且新疆南疆四地州内部也存在着巨大的差异，其中阿克苏地区在新疆南疆四地州中最高，其次为克州地区，第三为喀什地区，最后是和田地区。我们注意到和田地区地区的人均地区生产总值仅分别占到新疆人均地区生产总值、阿克苏地区人均生产总值的 27% 与 35%，是新疆南疆四地州人均生产总值最少的地区。

新疆南疆四地州内部的县域发展同样存在着巨大的差异（图 4-2）。阿克苏地区库车市人均 GDP 为 55 271 元，最低的乌什县人均 GDP 仅 18 548，两地相差 2.98 倍；克州最高的为乌恰县 61 248 元，最低的为阿克陶县 19 210元，两地相差 3.19 倍；喀什地区最高的为塔什库尔干县 40 846 元，最低为莎车县 13 512 元，两地相差 3.02 倍；和田地区最高的为民丰县 35 842 元，最低的为墨玉县 11 303 元，两者相差 3.17 倍。地区间的资源异质性直接表现在经济发展水平上，呈现出新疆南疆四地州经济发展水平严重滞后于全疆平均水平，同时新疆南疆四地州内部发展也不平衡的发展现状。

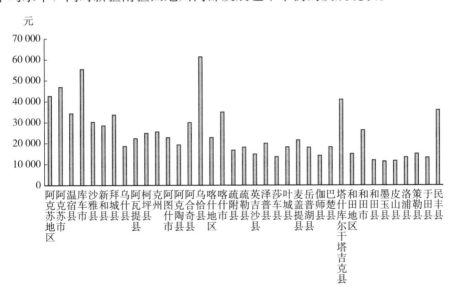

图 4-2　2022 年新疆南疆四地州人均地区生产总值

资料来源：2022 年新疆统计年鉴。

4.1.3 产业发展结构

2012—2022 年新疆总体产业结构比较稳定，其中一产占比由 2012 年的 17%下降到 2022 年的 14%，有一定的下降趋势；二产占比由 2012 年的 47%下降到 2022 年的 41%；三产占比由 2012 年的 35%上升到 2022 年的 45%，具有明显的上升趋势。总体来看新疆总体产业结构当前呈现出以第一产业为基础，以第三产业为主、第二产业为辅的发展格局。但目前发展趋势表明，未来新疆产业结构将呈现出以农业为基础，第二产业、第三产业并驾齐驱的发展态势（图 4 - 3）。

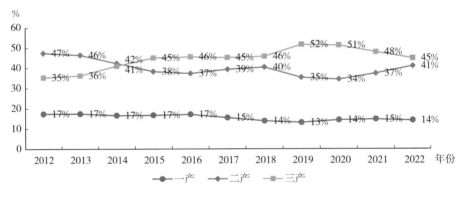

图 4 - 3 新疆 2012—2022 年产业结构

资料来源：2012—2022 年新疆统计年鉴。

由于资源禀赋等原因，南疆四地州产业结构也不尽相同，2022 年，南疆四地州第一产业方面，喀什地区占比最高，达到 32%，克州最低，仅占比 12%，和田地区与阿克苏地区占比差距不大，为 22%和 24%；第二产业方面，和田地区最低，仅占 17%，克州与阿克苏占比相同，均为 36%；第三产业方面，和田地区最高，占比 62%，阿克苏地区占比最低，仅 40%（图 4 - 4）。

和田地区三产结构变化趋势不大，其中第一、二产业均波动下降，第三产业波动上升。第一产业由 2012 年的 30%下降到 2022 年的 22%；第二产业由 2012 年的 18%波动下降到 2022 年的 17%；第三产业由 2012 年的 52%上升到 2022 年的 62%，服务业占绝对领先地位。由 2022 年数据可

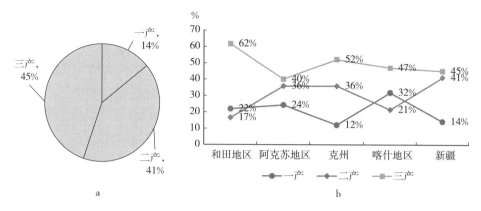

图 4-4　2022 年新疆（a）及南疆四地州（b）产业结构

资料来源：2022 年新疆统计年鉴。

知和田当前呈现出以第三产业为主的发展格局，但第二产业相当薄弱，占比最低（图 4-5）。

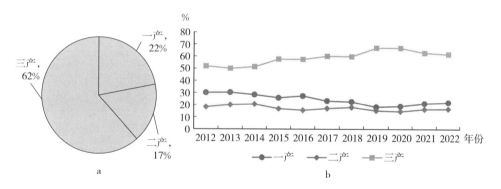

图 4-5　和田地区 2012—2022 年（a）及 2022 年（b）产业结构

资料来源：2022 年新疆统计年鉴。

阿克苏地区三产结构 2012—2016 年变化趋势震荡幅度较大，2016—2022 年变化趋势较为平稳。第一产业由 2012 年的 23% 略升到 2022 年的 24%；第二产业由 2012 年的 18% 波动下降到 2022 年的 17%；第三产业由 2012 年的 52% 上升到 2022 年的 62%，服务业占领先地位（图 4-6）。

克州三产结构中第一产业始终呈现下降趋势，由 2012 年的 17% 下

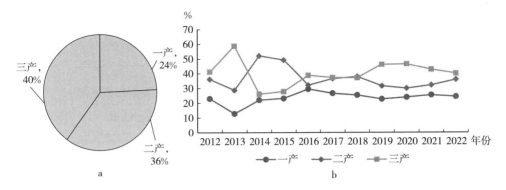

图 4－6　阿克苏地区 2012—2022 年（a）及 2022 年（b）产业结构

资料来源：2012—2022 年新疆统计年鉴。

降到 2022 年的 12％；第二产业由 2012 年的 30％上升到 2022 年的 36％；第三产业由 2012 年的 52％先波动上升再波动下降到 2022 年的 52％（图 4－7）。

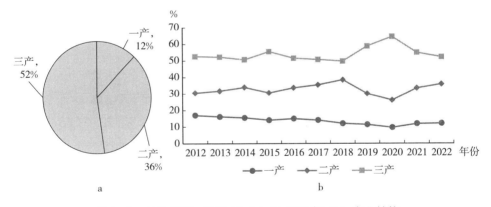

图 4－7　克州 2012—2022 年（a）及 2022 年（b）产业结构

资料来源：2012—2022 年新疆统计年鉴。

喀什地区三产结构总体呈现第一二产业下降、第三产业先上升后下降的趋势。其中第一产业由 2012 年的 34％下降到 2022 年的 32％；第二产业由 2012 年的 28％下降到 2022 年的 21％；第三产业由 2012 年的 38％上升到 2022 年的 47％。由此可以看出，当前喀什经济发展以三产为主、一产为辅的发展格局，第二产业发展较为滞后（图 4－8）。

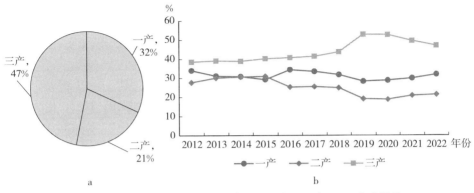

图 4 - 8　喀什地区 2012—2022 年（a）及 2022 年（b）产业结构

资料来源：2012—2022 年新疆统计年鉴。

4.2　财政收支概况

2012—2022 年南疆四地州的一般公共预算收入与支出一直呈现出支出远超于收入的情况，最高能达到 13 倍，由于长期以来南疆四地州基本处于深度贫困状态，不仅范围广，而且程度高，国家对南疆四地州投入了大量的资金用在公共支出上，2012 年和田地区的公共预算收入最低，只有 11.18 亿元，最高的是喀什地区，经过十年的脱贫攻坚，喀什地区的公共预算收支都排在第一位，分别为 70 亿元和 800 亿元，差额巨大，呈现出严重的收支不平衡、收不抵支的赤字状态。到 2022 年南疆四地州的公共预算支出间的差距逐渐缩小（图 4 - 9）。

图 4 - 9　2012—2022 年南疆四地州一般公共预算收支情况

资料来源：2022 年新疆统计年鉴。

4.3 居民存款与收支情况

4.3.1 地区存款总额及人均存款

2019 年新疆总体年末金融机构人民币各项存款余额 23 293.0 亿元，比上年增长 5.8%。其中，非金融企业存款余额 5 903.8 亿元，增长 5.9%；居民存款余额 10 342.7 亿元，增长 10.3%。

2019 年新疆南疆四地州年末金融机构人民币各项存款余额 4 440.43 亿元，其中居民存款 2 147.79 亿元，占年末金融机构人民币各项存款余额的 48%，较上年增长 7.3%，居民年末人均存款余额 20 793.78 万元。其中阿克苏地区年末金融机构人民币各项存款余额 1 685.4 亿元，比上年增长 9.3%，其中：非金融企业存款余额 247.05 亿元，下降 5.0%。居民存款余额 949.4 亿元，增长 8.6%，居民年末人均存款余额 37 056.99 元。克孜勒苏柯尔克孜自治州年末金融机构各项存款余额 244.79 亿元，比年初增加 10.95 亿元，增长 4.7%。其中，居民存款余额 103.62 亿元，比年初增加 6.68 亿元，增长 6.9%，居民年末人均存款余额 16 639.79 元。喀什地区年末金融机构人民币各项存款余额 1 744.19 亿元，比上年增长 5.8%。其中，非金融企业存款余额 263.09 亿元，下降 6.1%；居民存款余额 789.04 亿元，增长 6.6%，居民年末人均存款余额 17 064.01 元。和田地区年末金融机构人民币各项存款余额 763.84 亿元，比上年增长 4.1%。其中，居民存款 306.15 亿元，增长 7.0%，居民年末人均存款余额 12 135.33 元（表 4 - 1）。

表 4 - 1 2019 年新疆南疆四地州年末金融机构各项存款余额情况

地区	各项存款余额（万元）	居民存款余额（万元）	居民存款余额较上年增长（%）	居民存款占比（%）	居民人均年末存款（元）
阿克苏	1 687.32	949.40	8.6	56	37 056.99
克孜勒苏柯尔克孜	244.79	103.20	6.9	42	16 639.79
喀什	1 744.19	789.04	6.6	45	17 064.01

（续）

地区	各项存款余额 （万元）	居民存款余额 （万元）	居民存款余额 较上年增长 （％）	居民存款占比 （％）	居民人均 年末存款 （元）
和田	764.13	306.15	7.0	40	12 135.33
新疆南疆四地州合计	4 440.43	2 147.79	7.3	48	20 793.78
新疆合计	23 293.02	10 342.69	10.3	44	40 990.04

资料来源：2019 年新疆统计年鉴。

以上数据可知，新疆南疆四地州年末金融机构人民币居民存款余额、增速、人均存款均低于全疆平均水平，一定程度上也反映了新疆南疆四地州居民收入距离全疆水平仍有较大差距。

4.3.2　居民人均可支配收入

4.3.2.1　新疆总体居民人均可支配收入

从新疆总体来看，城镇居民及农村居民家庭人均可支配收入均呈现出快速提升、持续增长走势，但城镇人均可支配收入显著高于农村且两者的差距正逐步拉大。截至 2019 年新疆城镇居民人均可支配收入已经是农村居民人均可支配收入的 2.64 倍，新疆城乡居民的可支配收入差距巨大（图 4-10）。

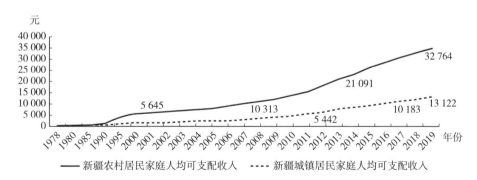

图 4-10　新疆 1978—2019 年城镇居民及农村居民家庭人均可支配收入

资料来源：2019 年新疆统计年鉴。

从 2000—2019 年新疆人均可支配收入数据来看，新疆城镇、农村居民人均可支配收入增速在 2000—2002 年处于下降阶段，2003—2013 年呈现快速上升阶段，2014 年至今呈现出下降趋势。其中新疆城镇居民人均可支配收入年均增长率为 10%，由于新疆农村居民可支配收入的基数较小，故 20 年间农村居民可支配收入增速高于同期城镇居民人均可支配收入年增速，目前为 13%。

值得关注的是，新疆城镇居民人均可支配收入与新疆农村居民人均可支配收入两者的差额年均增长率均小于城镇、农村居民人均可支配收入的增长率，但年均 10% 的增速仍说明城乡居民人均可支配收入差异巨大。自 2016 年以来，城乡居民人均可支配收入差额的增速呈现出下降趋势，这也在一定程度上反映了我国经济进入新时期后，内外双循环格局下，农村增长潜力巨大（图 4 - 11）。

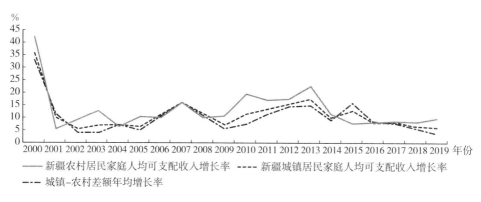

图 4 - 11　新疆近 20 年人均可支配收入及城镇、农村人均可支配收入差额增长情况

资料来源：2001—2020 年新疆统计年鉴。

4.3.2.2　新疆南疆四地州人均可支配收入

新疆南疆四地州 2019 年城镇居民人均可支配收入 30 239.25 元，农村居民人均可支配收入 9 890 元，分别较新疆总体城乡居民人均可支配收入水平低 13%、25%。从新疆内部来看，新疆南疆四地州城镇居民人均可支配收入仅为克拉玛依市城镇居民人均可支配收入的 71%，新疆南疆四地州农村居民人均可支配收入仅为乌鲁木齐市农村居民人均可支配收入的 46%，新疆内部差异巨大。

从新疆南疆四地州内部来看，阿克苏地区城镇居民人均可支配收入 32 812 元，同比增长 7.1%，农村居民人均可支配收入 13 225 元，增长 11.0%。克州城镇居民人均可支配收入 30 160 元，比上年增长 6.0%，农牧民人均收入 9 088 元，比上年增收 926 元，增长 11.3%。喀什地区城镇居民人均可支配收入 27 430 元，比上年增长 7.0%，农村居民人均可支配收入 9 385 元，比上年增长 9.6%。和田地区城镇居民人均可支配收入 30 555 元，比上年增长 6.8%；农村居民人均可支配收入 8 897 元，增长 10.0%。阿克苏地区、克孜勒苏柯尔克孜自治州、喀什地区、和田地区城镇居民人均可支配收入分别为全区的第 8 位、第 13 位、第 15 位、第 11 位，农村居民人均可支配收入分别为全区的第 10 位、第 13 位、第 11 位、第 12 位，处于最后 4 名。由此可见，虽然新疆南疆四地州城乡居民人均可支配收入处于增长态势，但绝对值仍处于较为落后的状态（图 4 - 12）。

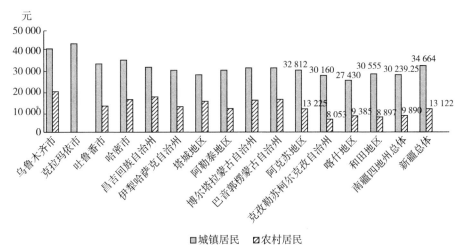

图 4 - 12　2019 年新疆各地州城镇、农村居民人均可支配收入

资料来源：2019 年新疆统计年鉴。

2012—2022 年阿克苏地区城镇居民和农村居民的人均可支配收入分别在南疆四地州城镇与农村人均可支配收入中位于在首位，分别为 36 990 元和 17 517 元，此外阿克苏地区农村人均可支配收入十年间除 2018 年外，一直都高于新疆农村水平。阿克苏地区城镇人均可支配收入水平仅在 2013 年高于新疆城镇水平，随着经济的发展到 2022 年与新疆城镇水平逐渐缩小了差距。和田地区城镇居民人均可支配收入仅次于阿克苏地区，但其农村居民人均可支配收入维持在较低水平，仅高于克州，位于倒数第

二。喀什地区与克州地区城镇人均可支配收入水平早期维持了持平状态，2014 年克州城镇人均可支配收入水平大幅高于喀什地区，2016—2019 年间回到持平状态，2020 年和 2022 年又拉大了差距。2012—2022 年人均可支配收入涨幅最大的是克州农村，由 3 236 元上涨到 10 569 元，达到 3.26 倍（图 4-13）。

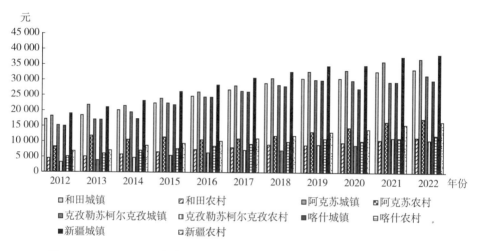

图 4-13　2012—2022 年新疆和南疆四地州城镇、农村居民人均可支配收入

资料来源：2012—2022 年新疆统计年鉴。

4.3.3　居民消费情况

4.3.3.1　总体社会消费品零售总额

2019 年，新疆总体社会消费品零售总额 361.7 亿元，人均社会消费品零售总额 14 051 元，城镇社会消费品零售总额 312.7 亿元，占比高达 86.5%，乡村社会消费品零售总额 49 亿元，占比仅有 13.5%，城乡社会消费品零售总额的差异再次表明新疆城乡差异较大。

新疆南疆四地州总体社会消费品零售总额 64.4 亿元，仅占新疆总体社会消费品零售总额的 17.8%；人均社会消费品零售总额 6 231 元，仅为新疆总体人均社会消费品零售总额的 44.3%。新疆南疆四地州城镇社会消费品零售总额 50 亿元，占新疆南疆四地州总体社会消费品零售总额的 78%，乡村社会消费品零售总额 14.4 亿元，占新疆南疆四地州总体社会消费品零售总额的 22%。由此可见，由于新疆南疆四地州经济发展及居民收入影响，新疆南疆四地州人均社会消费品零售总额不足总体水平的一半，且城镇消费能力较新疆总体均值仍有差距，但新疆南疆四地州农村社会消费品零售总额占比较新疆总体水平高 8 个百分点（表 4-2）。

表 4-2　新疆南疆四地州社会消费品零售总额统计

地区	社会消费品零售总额（万元）	位次	人均社会消费品零售额（元）	城镇社会消费品零售总额（万元）	城镇位次	城镇社会消费品零售占比（%）	乡村社会消费品零售总额（万元）	乡村位次	乡村社会消费品零售占比（%）
阿克苏	2 822 482	3	11 017	2 358 523	2	84	463 959	3	16
克孜勒苏柯尔克孜	373 854	14	6 028	284 930	14	76	88 923	12	24
喀什	2 603 377	5	5 630	1 885 816	5	72	717 561	1	28
和田	636 700	12	2 524	466 700	12	73	170 000	10	27
南疆四地州合计	6 436 413	/	6 231	4 995 969	/	78	1 440 443	/	22
新疆总体	36 170 000	/	14 051	31 266 800	/	86	4 903 200	/	14

资料来源：新疆统计年鉴整理所得。

4.3.3.2　城乡居民消费性支出及结构

2021 年新疆全区居民人均消费支出为 17 397 元，较上年增长 7.5%，去除价格因素，实际增长 5.5%。城镇居民人均消费支出 25 594 元，增长 5.8%，去除价格因素，实际增长 3.8%；农村居民人均消费支出为 10 318 元，增长 9.5%，扣除价格因素，实际增长 7.2%。根据数据测算，新疆城乡居民人均消费支出中食品烟酒仍为第一大支出项，占全年支出的 29%，其次为居住，占比 18%~21%，交通通信占比 13%~14%，教育文化娱乐及医疗各占约 10%，其他占比均在 10% 以下。

根据计算，2019 年新疆全区居民恩格尔系数为 28.99%，城镇居民恩格尔系数为 29%，农村居民恩格尔系数为 28.97%。按照联合国粮农组织提出的标准，恩格尔系数在 59% 以上为贫困，50%~59% 为温饱，40%~50% 为小康，30%~40% 为富裕，低于 30% 为最富裕。但考虑到目前新疆城乡居民实际收入水平及物价因素，显然本书根据数据计算的恩格尔系数存在较大的局限性（图 4-14）。

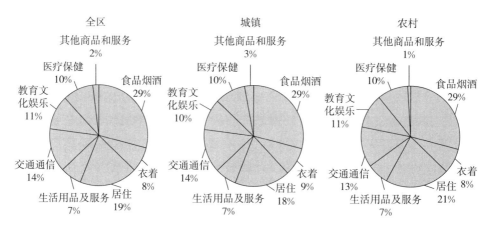

图 4-14 新疆（a）及城镇（b）乡村（c）居民家庭人均全年消费性支出

资料来源：据 2019 年新疆统计年鉴整理所得。

4.4 居民教育与医疗资源拥有情况

4.4.1 教育情况

4.4.1.1 人均学校占有量

截至 2019 年，新疆南疆四地州普通高校合计 8 所，占新疆高校总数的 15％，折算每万人仅占 0.008 所，是新疆平均水平的 36％。其中克孜勒苏柯尔克孜自治州最少，仅 1 所。中等职业学校合计 52 所，占全疆中等职业学校数量的 33％，但每万人拥有量仅为全疆平均水平的 80％；中等职业学校中的师范类学校，新疆南疆四地州仅 2 所，万人拥有量仅 0.222 所，是全疆平均拥有量的 20％。普通中学合计 380 所，占全疆总数的 32％，万人拥有量 0.37 所，仅为全疆平均拥有量的 76％；小学合计 2 501 所，占新疆小学总数的 69％，万人拥有量 2.42 所，是新疆总体平均拥有量的 1.66 倍；特殊教育学校合计 10 所，占新疆总体 36％，万人拥有量 0.01 所，是新疆总体年均拥有量的 87％。以上数据可知，新疆各类学校中，新疆南疆四地州普通高等学校数量最少、小学数量及每万人拥有量均最高，此外中等职业学校、高中等学校万人拥有量均低于全疆平均水平，新疆南疆四地州义务教育外学校仍有极大提升空间（表 4-3）。

表 4-3　新疆及新疆南疆四地州各类学校万人占有情况统计

地区	普通高等学校		中等职业学校		♯中等师范学校		普通中学		♯高中		小学		特殊教育学校	
	数量	每万人拥有量	数量	每万人拥有量	数量	每万人拥有量	数量	每万人拥有量	数量	每万人拥有量	数量	每万人拥有量	数量	每万人拥有量
阿克苏	2	0.008	8	0.031	0	—	125	0.488	33	0.129	569	2.221	2	0.008
克孜勒苏柯尔克孜	1	0.016	5	0.081	0	—	28	0.451	10	0.161	148	2.386	1	0.016
喀什	2	0.004	27	0.058	1	0.002	137	0.296	43	0.093	1 075	2.325	5	0.011
和田	3	0.012	12	0.048	1	0.004	90	0.357	18	0.071	709	2.810	2	0.008
南疆四地州合计	8	0.008	52	0.050	2	0.002	380	0.368	104	0.101	2 501	2.421	10	0.010
新疆合计	54	0.022	158	0.063	10	0.004	1 206	0.482	336	0.134	3 640	1.455	28	0.011
南疆四地州占比（%）	15	36	33	80	20	48	32	76	31	75	69	166	36	87

资料来源：2019 年新疆统计年鉴整理所得。

4.4.1.2　人均师资占有量

新疆南疆四地州普通高校教师合计 2 172 人，占全疆拥有师资的 10%，每万人拥有师资 2.1 人，仅为全疆平均水平的 24%。新疆南疆四地州中克州普通高校教师人数最少，仅 82 人，人均占比 1.32 人，远低于新疆南疆四地州平均水平及新疆总体水平。说明新疆南疆四地州普通高校师资力量总体较弱，其中克州、喀什地区尤为突出。

新疆南疆四地州中等职业学校教师 5 781 人，占新疆中等职业学校教师总数的 48%，每万人拥有教师数 5.6 人，是新疆每万人拥有教师数的 1.16 倍，但新疆南疆四地州中阿克苏地区、和田地区每万人拥有中等职业学校教师数分别仅有 3.87 人和 4.01 人，低于新疆平均水平。说明新疆南疆四地州中等职业学校师资力量优于全疆平均水平，但四地州内部师资力量高低不均。

新疆南疆四地州普通中学、高中、小学、特殊学校等师资力量总体配置教师数量高于新疆平均水平，但阿克苏地区、和田地区的高中师资力量低于新疆平均水平，特殊学校师资力量中阿克苏地区配置的教师人数低于新疆平均水平（表4-4）。

表4-4　新疆及新疆南疆四地州各类学校师资力量

地区	普通高等学校（个）	万人拥有师资（人）	中等职业学校（个）	万人拥有师资（人）	普通中学（个）	万人拥有师资（人）	♯高中（个）	万人拥有师资（人）	小学（个）	万人拥有师资（人）	特殊教育学校（个）	万人拥有师资（人）
阿克苏	824	3.22	991	3.87	13 749	53.67	4 514	17.62	17 629	68.81	60	0.23
克孜勒苏柯尔克孜	82	1.32	371	5.98	4 448	71.72	1 494	24.09	7 009	113.01	33	0.53
喀什	699	1.51	3 407	7.37	28 576	61.80	8 540	18.47	38 779	83.86	263	0.57
和田	567	2.25	1 012	4.01	13 948	55.29	4 214	16.70	19 072	75.60	120	0.48
南疆四地州合计	2 172	2.10	5 781	5.60	60 721	58.79	18 762	18.16	82 489	79.86	476	0.46
新疆总体	21 798	8.71	12 084	4.83	133 449	53.33	44 262	17.69	167 448	66.91	1 118	0.45
南疆四地州占比（%）	10	24	48	116	46	110	42	103	49	119	43	103

资料来源：2019年新疆统计年鉴整理所得。

综合以上数据，新疆南疆四地州除小学外，其他各类学校人均占比较新疆总体水平偏少，但人均师资力量除普通高等学校外，其他各类学校师资力量均在新疆平均水平以上，说明新疆在小学等基础教育阶段的投入较高，但在高等院校建设投入方面不足，未来也是新疆南疆四地州教育投入的方向和提升本地学历水平的重要途径。

4.4.2　医疗情况

4.4.2.1　万人拥有床位数

新疆南疆四地州医疗机构、床位数分别为7 004个、67 712个，分别占新疆总机构数和床位数的45%、43%，处于较高水平。

新疆南疆四地州平均每万人拥有床位数68个，高于新疆平均水平，其中阿克苏地区每万人床位数63个，与新疆平均水平持平，其他三个地州均高于新疆平均水平（表 4 - 5）。

表 4 - 5 新疆南疆四地州每万人拥有医疗机构（床位）数

地区	机构数（个）	床位数（个）	在岗职工					平均每万人床位数（张）
			合计（人）	卫生技术（人）	其他技术人员（人）	管理人员（人）	工勤人员（人）	
阿克苏	1 563	16 072	17 498	13 146	994	601	834	63
克孜勒苏柯尔克孜	350	4 651	6 124	4 793	307	191	317	75
喀什	3 309	29 381	31 067	21 898	1 331	970	2 002	64
和田	1 782	17 608	16 495	10 752	857	566	1 654	70
南疆四地州合计	7 004	67 712	71 184	50 589	3 489	2 328	4 807	68
新疆总体	15 645	158 802	204 882	158 818	10 522	7 319	14 462	63
南疆四地州占比	45%	43%	35%	32%	33%	32%	33%	107%

资料来源：2019 年新疆统计年鉴整理所得。

4.4.2.2 万人拥有医务人员数量

2019 年新疆南疆四地州平均每万人拥有卫生技术人员 55 人，是同期新疆平均每万人拥有卫生技术人员数的 236%，数据显示新疆南疆四地州卫生技术人员数量配置较高。

2019 年新疆卫生技术人员合计 158 818 人，其中新疆南疆四地州占比 32%，执业助理人员及其他人员分别为 4 678 人及 8 685 人，分别占新疆总人数的 46% 及 45%，是卫生技术人员类别中人员占比较高的两类。但同期新疆南疆四地州的执业医师总数仅占新疆执业医师总数的 24%，是卫生技术人员类别中人员占比最低的一类，执业医师是卫生技术人员中具备诊治能力的核心人员类别。

综上可知，新疆南疆四地州虽然卫生技术人员人均拥有量较高，但具备诊治能力的执业医师数量不足。

2012—2022 年南疆四地州医疗人员数量持续增加（图 4 - 15）。其中喀什地区的医疗人员与执业医师人数最多，分别为 22 968 人和 7 204 人；和田地区的医疗人员数量增长最快速，从 2012 年的 7 000 人增加到 2022 年的 19 058 人；克州的医疗机构、医疗人员和执业医师数量都处于全区最低水平，分别为 365 个、5 736 人和 1 500 人。这也和克州的总体人口数量较低有关。

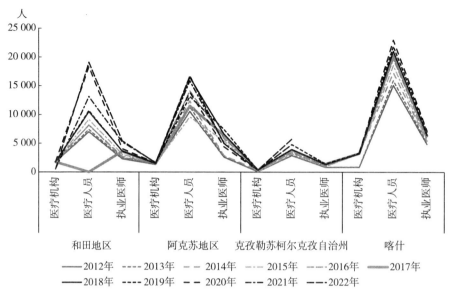

图 4-15 2012—2022 年南疆四地州医疗机构与医疗人员数量

资料来源：2012—2022 年新疆统计年鉴整理所得。

4.5 本章小结

本章通过对新疆南疆四地州的经济总量、财政收支出、居民收入与支出、居民消费、教育医疗等多维度数据进行描述性分析。研究发现：

经济发展方面。新疆南疆四地州近年来 GDP 总量增长明显，但与新疆总体发展水平仍存在较大的差距，同时新疆南疆四地州内部也存在着较大的差异，呈现出不平衡的发展状况。其中产业结构方面，南疆四地州产业结构也存在较大差异，和田地区、喀什地区均以第三产业为主导产业，第二产业发展不足；阿克苏地区与克州地区三产发展较为均衡，主要以二、三产业为主。

财政收支方面。新疆南疆四地州财政收支差额较大，呈现出严重的收支不平衡、收不抵支的赤字状态。在无自身急速造血的能力下，未来将更加依赖上级财政统筹及更多国家转移支付。

教育与医疗方面。一是教育方面，新疆南疆四地州普通高等学校数量最少、小学数量及每万人拥有量均最高，此外中等职业学校、高中等学校万人拥有量均低于全疆平均水平；教育师资力量方面，新疆南疆四地州普通中学、高中、小学、特殊学校等师资力量总体配置数量高于新疆平均水平，但高中师资力量中阿克苏地区、和田地区低于新疆平均水平，特殊学校师资力量中阿克苏地区配置的教师人数低于新疆平均水平。二是医疗水平方面，新疆南疆四地州医疗机构及床位均高于新疆总体水平，但缺乏具备核心诊治能力的医师人才，成为医疗卫生领域亟待提升的问题。

综合以上数据分析，目前新疆南疆四地州经济发展水平、社会发展水平均严重滞后于新疆总体发展水平，且南疆四地州之间、城乡之间发展均存在着巨大差异，这种结构性的差异导致南疆四地州易发生大面积返贫现象，给新时期乡村振兴带来巨大的挑战。同时南疆四地州经济发展背后的产业单一、发展基础薄弱等问题导致农户收入提升困难，也对代际收入的传递产生了负面影响，造成新疆南疆四地州代际收入传递现象高发，代际收入传递的本质是贫困的代际传递，是一种"贫困的恶性循环"。

第 5 章

农户代际收入流动性估计

近年来，随着微观数据库的建立和不断完善，越来越多的研究者开始利用多种调查数据和不同研究方法对代际收入流动性进行估计，但目前学者的研究主要集中在国家层面，鲜有针对南疆四地州代际收入流动性的估计成果。那么南疆四地州农户是否存在代际收入流动？若存在，那么代际收入传递程度是否严重？不同群体的代际收入传递是否一致？基于以上问题，本章在大量实地调研数据的基础上构建代际收入流动性估计模型，具体采用OLS 模型、二阶段回归模型对新疆南疆四地州农户代际收入流动性水平进行测算，此外通过分位数回归模型，着重分析不同收入约束下父代与子代的代际传递特征差异。

5.1 模型设定

代际收入流动性估计较早采用的是简单代际收入弹性模型，但由于短期数据存在误差及存在遗漏变量的情况，模型估计存在较大偏差。为解决该问题，近年来诸多学者进行了多样化的尝试，如早期针对财富成本的测算方案，考虑直接继承的情况下，学者一般选择代际传递的弹性来进行测算，即子代收入中有多少是继承自父代，或有多少是受到父代的影响。大多数研究学者以往对此问题的探讨，都是以最小二乘法（OLS）为基础，运用 OLS测度父代与子代之间的代际流动性。在此以后更多的研究者开始使用分位数回归，并以此为基础，建立了一套关于不同阶层间流动性的转移矩阵。

Solon 等学者对代际流动性的测算做出了巨大贡献，其所创立的回归模型也成为研究代际收入流动性估计的模板。相关模型介绍在本书理论分析中有详细阐述，本章不再赘述。

5.2　变量与数据

5.2.1　变量

（1）收入变量。因代际收入流动性测算模型拟合程度最好的为农户全生命周期收入，但现实中无法取得该类数据，在本书研究中，采用农户2015—2019 年的平均收入，并做对数处理。

（2）背景变量。包括劳动者的年龄、婚姻状况、健康状况等。

（3）人力资本变量。根据 Becker 对人力资本进行的分类，教育、职业培训、医疗、移民、信息收集等均是凝聚在人力资本上的各种属性，他认为知识、能力、健康程度等属性若被有效地使用，就会提高人的金钱收入或者精神上的增值。本书以个体的受教育水平作为人力资本变量。

（4）社会资本变量。边燕杰从网络规模、网络顶端、网络差异、网络组成四个维度对农户的社会资本进行了测度[101]。李辉文以家庭通信费与礼金为基础，对农户的社会资本进行了测算[102]。李春玲运用权力因子（管理者与否）、部门因子（公私部门）和社会歧视因子对农户的专业声誉进行测量，发现影响农户专业声誉的因素包括学历、收入、权力、工作单位性质和专业背景等[103]。周广肃等提出了"礼金往来"这一假设，并将其视为社会资本的替代变量[104]。在陈琳和袁志刚的基础上，结合现有资料，选取了对社会资本有重要影响的因素，如党员、工会、宗教团体、协会成员、工作单位性质、有无行政职务、管理人员规模、人情礼支出等考察社会资本情况[105]。由于新疆南疆四地州农户受教育水平趋同、社会关系单一等现实情况，结合可量化的考虑，本书采用职业这一变量作为社会资本变量。

（5）财富资本变量。居民的财富资本主要包括五个部分：房产、土地、金融资产、耐用品和现金。南疆四地州农户房产、土地等资产现阶段无明确估值，且通过调研发现新疆南疆四地州农户基本无金融资产，生产工具等耐用品现阶段考虑到折旧等进行评估存在一定困难，故本书从数据的可获取性考虑，统一以农户近五年的平均收入（不区分父亲、母亲，仅考虑父代、子代，子代仅考虑具备劳动能力的成年子代，多个子代的按多个样本量进行研究）作为财富资本变量。

5.2.2 数据

5.2.2.1 数据来源

本书使用的数据主要来自国家自然科学基金项目（项目编号：71763027）组及 2020 年中国农业大学新疆课题组联合调研数据。数据主要涵盖新疆南疆四地州巴楚县、莎车县、温宿县、阿瓦提县，墨玉县、沙雅县、阿克陶县，每个县（市）选取 3 个具有代表性的乡镇，在每个代表乡镇选取 10 个样本村；在每个样本村中随机抽取 10～20 户不等，采用一对一的问卷方式，最终获得本研究的有效样本 1 600 余份，剔除父代、子代错漏数据后实际获得能够完全匹配的父代、子代数据 1 302 个。

5.2.2.2 数据描述

收入变量方面，由于无法取得农户具备劳动能力以来的所有收入数据，因此本书以 2015—2019 年农户平均收入的非空数据的均值作为劳动者终生收入的替代变量，模型中为使数据标准化，特对父代、子代做对数进行平滑处理，以尽量体现出收入数据的周期性及可参考性。

在背景变量中，年龄数据从问卷中直接提取，健康状况及对应的编码为：1＝很好、2＝较好、3＝一般、4＝较差、5＝很差；婚姻状况及对应的编码为：1＝未婚、2＝初婚、3＝再婚、4＝丧偶、5＝离婚。

人力资本变量中，受教育程度（学历）及对应的编码为：1＝文盲、2＝小学、3＝初中、4＝高中、5＝中专、6＝大专（高职）、7＝本科、8＝硕士及以上。

在社会资本变量中，职业分类及对应的编码为：1＝农牧民、2＝工人、3＝医生（镇、村）、4＝教师、5＝警察、6＝村干部（书记、主任、会计、妇女主任、联防队员等）、7＝学生、8＝其他。

父代子代核心变量统计数据见表 5-1 及表 5-2。

表 5 - 1　主要变量统计信息

变量	最小值	最大值	均值	标准偏差	方差
父代收入	1 000	225 000	24 551.31	24 563.850	603 382 733.670
父代健康	1	5	2.10	1.061	1.126
父代婚姻	1	5	2.29	0.687	0.472
父代学历	1	7	2.17	0.860	0.740
父代普通话水平	1	4	3.56	0.742	0.551
父代职业	1	8	1.49	1.559	2.431
子代收入	3 000	250 000	30 436.36	22 950.988	526 747 845.543
子代健康	1	5	1.51	0.818	0.670
子代婚姻	1	5	1.94	0.696	0.485
子代学历	1	7	3.18	1.268	1.608
子代普通话水平	1	4	2.82	1.011	1.022
子代职业	1	8	2.78	2.678	7.170

数据来源：调研问卷。

　　健康方面。父代健康状况良好的占比达到 64%，其中 36.9% 为很好，28.1% 为较好，而子代健康状况很好的比例达到了 65.4%，较好部分为 21.9%，较好和很好水平达到了 87.3%，只有少量的子代与父代健康水平较差。数据表明子代健康远远高于父代健康水平，这可能是由于父代所处年代的经济水平较低与健康意识较低导致的。

　　婚姻状况方面。父代样本初婚占比为 76.5%，17.7% 是再婚，丧偶和离婚分别为 3.5% 和 2.3%。而子代未婚样本占比达到 23.7%，初婚占比额为 62%，丧偶和离婚占比为 2.1%，父代整体婚姻状况比较稳定，没有未婚人群。子代的未婚比例是再婚样本比例的 2 倍，考虑到子代的生命周期，被访时刚到适婚年龄，子代被访者初婚年龄可能比父代晚，或有不婚的可能性。由于子代未婚比例高于父代，丧偶和离婚率较父代来说也更低。

　　父代的学历水平基本不高，文盲比例为 18.7%，占比最高的是小学学历，为 52.8%，其次是初中，占比为 24.7%，高中及以上的占比为 3.9%；子代学历占比最高的为初中学历，占 48.8%，最低的是文盲，仅占 3.2%，小学水平占比为 23.7%，较父代学历水平大幅降低了 29.1%，高中级以上学历提升明显，说明统计样本中子代的受教育水平比父代有了明显提升，但子代受教育水平主要仍处于义务教育阶段，中高等教育水平仍然不足。

父代职业最高占比为农牧民，占比达到 86.9%，其次为工人，为 5.1%，医生、教师、警察等职业占比不足 2%，村干部与其他职业分别为 3.7% 和 17.3%。子代农牧民占比为 56%，较父代显著减少，其中非农职业达 44%，较父代大幅提升了 30.9%，表明子代的职业选择更加多样化且具有向非农职业转变的趋势。

表 5-2　主要变量频次统计

变量	子变量	父代		子代	
		频率	百分比%	频率	百分比%
健康	很好	480	36.9	852	65.4
	较好	366	28.1	285	21.9
	一般	330	25.3	120	9.2
	较差	93	7.1	39	3
	很差	33	2.5	6	0.5
	总计	1 302	100	1 302	100
婚姻	未婚	0	0	309	23.7
	初婚	996	76.5	807	62
	再婚	231	17.7	159	12.2
	丧偶	45	3.5	15	1.2
	离婚	30	2.3	12	0.9
	总计	1 302	100	1 302	100
学历	文盲	243	18.7	42	3.2
	小学	687	52.8	309	23.7
	初中	321	24.7	636	48.8
	高中	27	2.1	144	11.1
	中专	12	0.9	72	5.5
	大专（高职）	9	0.7	51	3.9
	本科	3	0.2	48	3.7
	总计	1 302	100	1 302	100

（续）

变量	子变量	父代		子代	
		频率	百分比%	频率	百分比%
普通话水平	非常好	33	2.5	171	13.1
	较好	99	7.6	288	22.1
	一般	273	21	444	34.1
	不好	897	68.9	399	30.6
	总计	1 302	100	1 302	100
职业	农牧民	1 131	86.9	729	56
	工人	66	5.1	216	16.6
	医生（镇、村）	12	0.9	15	1.2
	教师	12	0.9	24	1.8
	警察	0	0	45	3.4
	村干部	30	2.3	48	3.7
	其他	51	3.9	225	17.3
	总计	1 302	100	1 302	100

数据来源：调研问卷。

5.2.2.3　数据初步检验

开始进行 OLS 数据分析前，通过散点图、P-P 图及 Q-Q 图对父代数据及子代数据进行初步可视化检验，检验结果呈现正态分布，可用于模型计量（图 5-1、图 5-2、图 5-3）。

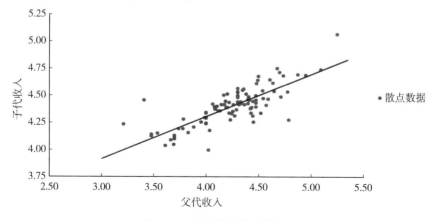

图 5-1　父代子代收入散点图

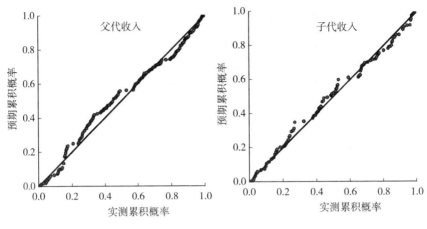

图 5 - 2　父代和子代收入正态 P - P 图

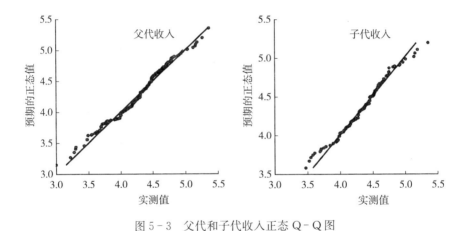

图 5 - 3　父代和子代收入正态 Q - Q 图

5.3　基于工具变量法的代际收入弹性估计

5.3.1　模型与方法

由于劳动者年龄小于 25 岁，或超过 65 岁，其终生收入就会减少。为了让父代与子代的财富收入更接近他们的终生收入，本书参照其他学者的研究方法，采用子代 30～45 岁的经济收入替代劳动者的终生收入，将

2019 年样本子代的年龄限定在 31~46 岁，这样，2018 年样本子代的年龄在 29~44 岁，2017 年样本子代年龄在 27~42 岁，2015 年和 2016 年样本子代年龄在 25~40 岁。在这五个观察年份中，子代样本的经济收入总是与其终生收入相接近，所以五年的平均值收入能够很好地替代子代的终生收入。类似地，对 2019 年的父代，把他们的年龄限定在 45~65 岁，这样就可以让他们在 4 个观察年份中所获得的收入与他们终生收入相差不大。在排除了缺失和不符合条件的样本后，最终得到了 1 302 户有效的结对家庭。

建立 OLS 模型对代际收入弹性系数进行估计：

$$\ln(Y_i^{child}) = \alpha + \beta\ln(Y_i^{father}) + \varepsilon \qquad (5-1)$$

式中，$\ln(Y_i^{child})$ 为 i 样本子代 2015—2019 年观测年收入均值的对数，$\ln(Y_i^{father})$ 为 i 样本父代 2015—2019 年收入均值的对数，扰动项为 ε，代际收入弹性系数为 β。

5.3.2　模型估计结果

5.3.2.1　代际收入弹性系数的 OLS 估计

因模型计量需要，本书首先将父代收入、子代收入取对数，将父代收入作为自变量进行 OLS 回归分析，并且使用 Robust 稳健标准误回归方法进行研究。从表 5-3 可以看出，模型 R^2 为 0.677，意味着父代收入可以解释子代收入的 67.77% 变化原因。对模型进行 F 检验时发现，模型通过 F 检验（$F=81.924$，$P=0.000<0.05$），即说明父代收入一定会对子代收入产生影响关系。将回归系数代入式（5-8），可得代际收入弹性公式为：

$$\ln(Y_i^{child}) = 2.741 + 0.391 \cdot \ln(Y_i^{father}) + 0.186 \qquad (5-2)$$

表 5-3　OLS 回归分析结果（$n=1\ 302$）

	回归系数 Coef	标准误 Std. Err	t	P	95% CI
常数	2.741	0.186	14.760	0.000**	2.377~3.105
父代收入	0.391	0.043	9.051	0.000**	0.306~0.475
R^2	0.677				

（续）

	回归系数 Coef	标准误 Std. Err	t	P	95% CI
调整 R^2	0.676				
F		$F(1, 432)=81.924, P=0.000$			
D-W 值		1.898			

注：因变量：子代收入。 $*P<0.05$ $**P<0.01$

即父代收入的回归系数为 0.391，并且呈现出 0.01 水平显著性（$t=$ 9.051，$P=0.000<0.01$），意味着父代收入会对子代收入产生显著的正向影响关系。这与本章假设、前人研究结果基本一致，具有较大可参考性。

5.3.2.2 二阶段回归模型估计

1. 变量类型设置

父代人力资本、社会资本与财富资本对父代收入具有关系，是父代收入的强相关变量，在对子代的人力资本、社会资本与财富资本进行了控制之后，父代的人力资本、社会资本、财富资本与扰动项不再相关，它具备了充分的外生条件。在此基础上，我们选取父代人力资本、社会资本和财富资本，并将其作为影响其一生收益的一个重要因素，如表 5-4。

表 5-4 二阶段回归模型变量类型

类型	名称
被解释变量	子代收入
内生变量	父代收入
工具变量	父代学历
	父代职业
外生变量	子代学历
	子代职业

注：收入变量均已做指数化处理。

2. 工具变量检验

Durbin-Wu-Hausman test 用于检验解释变量 X 是否均为外生变量（即是否不存在内生变量），原理如下：Durbin-Wu-Hausman test 分为 Durbin 检验和 Wu-Hausman 检验，即检验的原假设均为"所有解释变量均外生"，

如果 P 值大于等于 0.05，则说明解释变量 X 全部外生，即不存在内生性问题，不满足工具变量法的前提条件。如果 P 值小于 0.05，则说明并非所有解释变量均外生，即解释变量 X 中包含内生变量，满足工具变量法的前提。

Durbin 检验原假设为"所有解释变量均外生（不存在内生变量）"，检验结果显示 $\chi^2(1)=6.081$，$P=0.014<0.05$，检验结论为拒绝原假设，即所有解释变量不完全是外生变量，至少有一个变量是内生变量。Wu - Hausman 检验原假设为"所有解释变量均外生（不存在内生变量）"，检验结果显示 $F(1, 429)=6.096$，$P=0.014<0.05$，检验结论为拒绝原假设，即所有解释变量不完全是外生变量，至少有一个变量是内生变量（表 5 - 5）。

表 5 - 5 　Durbin - Wu - Hausman test 外生性检验

检验	原假设	检验结果	检验结论
Durbin 检验	所有解释变量均外生（不存在内生变量）	$\chi^2(1)=6.081$，$P=0.014$	拒绝原假设
Wu - Hausman 检验	所有解释变量均外生（不存在内生变量）	$F(1, 429)=6.096$，$P=0.014$	拒绝原假设

3. 以父代的学历、职业为工具变量，建立二阶段回归模型

将父代收入作为内生变量，将父代学历、父代职业作为工具变量，并且将子代学历、子代职业作为外生变量，将子代收入作为被解释变量进行两阶段最小二乘回归。第一阶段是将父代收入作为被解释变量 Y，将父代学历、父代职业和子代学历、子代职业作为解释变量，然后进行线性回归得到预测估计值；第二阶段是将子代收入作为被解释变量，将第一阶段预测估计值以及外生变量（如果有）作为解释变量进行线性回归，得到最终结果如表 5 - 6 所示。

表 5 - 6 　2SLS 模型分析结果 （$n=1\,302$）

变量	非标准化系数		t	P	95% CI	R^2	调整 R^2	Wald χ^2
	B	标准误						
常数	3.704	0.439	8.438	0.000**	2.844~4.564			
父代收入	0.432	0.109	1.208	0.027**	0.082~0.347	0.200	0.195	$\chi^2(3)=38.001$,
子代学历	0.036	0.013	2.889	0.004**	0.012~0.061			$P=0.000$
子代职业	0.007	0.005	1.399	0.016**	0.003~0.016			

注：被解释变量：子代收入。$P<0.05 ** P<0.01$

从表 5-6 可以看出，模型 R^2 为 0.200，意味着父代收入和子代学历、子代职业可以解释子代收入 20.0％的变化原因。对模型进行 Wald 卡方检验时发现，模型通过 Wald 卡方检验（$Chi=38.001$，$P=0.000<0.05$），即说明父代收入和子代学历、子代职业中至少一项会对子代收入产生影响关系，模型公式为：

$$\ln(Y_i^{child})=3.704+0.432\times\ln(Y_i^{father})+0.036\times E_i^{child}+0.007\times O_i^{child}$$

式中，E_i^{child} 代表子代学历，O_i^{child} 代表子代职业。

二阶段回归结果显示：父代收入的回归系数值为 0.432（$P=0.027<0.05$），意味着父代收入对子代收入产生正向影响关系。子代学历的回归系数值为 0.036（$P=0.004<0.01$），意味着子代学历会对子代收入产生显著的正向影响关系。子代职业的回归系数值为 0.007（$P=0.016<0.05$），意味着子代职业对子代收入产生影响关系。

从模型测算结果可知，控制了子代的人力资本、社会资本和财富资本之后，社会的代际收入弹性系数为 0.432，相较于前期研究学者的估计值（杨亚平和施正政估计出 2010 年社会的代际收入弹性为 0.6，何石军和黄桂田估计出 2000—2009 年社会的代际收入弹性分别为 0.66、0.49、0.35 与 0.46）偏低。这是因为本书所估计的代际收入弹性为控制了子代自身资本影响之后，子代经济收入受父代经济收入影响的程度。最后，子代人力资本的回归系数为 0.036，虽远低于父代对子代财富的传递程度，但对子代收入仍具有正向的影响，说明子代人力资本在一定程度上也会影响子代收入。因此，即使劳动者身处不利的外部环境，仍可以通过提升自身人力资本来提升经济收入水平。

5.4　基于分位数回归法的代际收入弹性估计

对于不同的收入群体，通常具有不同的个体特征（比如劳动者的个人能力和资本分布等），因此采用均值回归并不能全面地描述父代与子代之间的代际传递关系，分位数回归 QR 用于研究自变量 X 对因变量 Y 的影响关系，相对普通线性 OLS 回归，分位数回归有以下优点：①如果数据中有异常值时，使用分位数回归算法更加稳健，结论相对更可靠；②如果因变量 Y 不正态时，使用分位数回归结论更加稳健可靠；③如果出现异方差问题时，使用分位数回归结论更加稳健可靠；④分位数回归可观察不同分位数点的回归系数，更全面地分析自变量对应变量的影响情况。

5.4.1　模型与方法

在最小二乘法的基础上，分位数回归方法可以进一步探究在不同收入条件约束下的不同群体的代际收入传递的变化趋势。在借鉴曹仪的研究方法的基础上[106]，接前述公式变量，用 Y_i^{child} 代表家庭 i 子代的终生收入，用 Y_i^{father} 代表家庭 i 父亲的终生收入：

$$\ln Y_i^{child} = \alpha_\theta + \beta_\theta \ln Y_i^{father} + \varepsilon_{i,\theta} \qquad (5-3)$$

式中，θ 为收入分布的分位数，α_θ 为常数项，$\varepsilon_{i,\theta}$ 为误差项，同时

$$Quant_\theta(\ln Y_i^{child} \mid \ln Y_i^{father}) = \alpha_\theta + \beta_\theta \ln Y_i^{father} \qquad (5-4)$$

在这种情况下，劳动者的终生收入、年收入和年龄之间的关系可以在收入的条件分布上变化，因此

$$\frac{1}{T}\sum_{t=1}^{T}\ln Y_{it}^L = \ln Y_{i\theta}^l + \rho_{1,\theta}^l A_i^l + \rho_{2,\theta}^l (A_i^l)^2 + \eta_{i,\theta}^L$$

$$L = \in \{child, \ father\} \qquad (5-5)$$

式中，Y_i^l 为劳动者的终生收入，Y_{it}^L 为劳动者在 t 时期的观测收入，Y_i^l 为劳动者经济收入观测时期的平均年龄，$\eta_{i,\theta}^l$ 为误差项，$\rho_{1,\theta}^l$ 与 $\rho_{2,\theta}^l$ 为回归系数。将终生收入的估计值代入代际收入弹性的估计模型（5-5）中，可以得到以下模型：

$$\frac{1}{T}\sum_{t=1}^{T}\ln Y_{it}^{child} = \alpha_\theta + \beta_\theta \frac{1}{T}\sum_{t=1}^{T}\ln Y_{it}^{father} + A_i\rho'_\theta + \mu_{i,\theta} \qquad (5-6)$$

其中

$$\rho' = \left[-\beta_\theta \rho_{1,\theta}^{father}, \ -\beta_\theta \rho_{2,\theta}^{father}, \ \rho_{1,\theta}^{child}, \ \rho_{2,\theta}^{child} \right]$$

$$A_i = \left[A_i^{father}, \ (A_i^{father})^2, \ A_i^{child}, \ (A_i^{child})^2 \right]$$

$$\mu_{i,\theta} = \varepsilon_{i,\theta} + \eta_{i,\theta}^{child} - \beta_\theta \eta_{i,\theta}^{child}$$

此时，β_θ 为不同分位数群体的代际收入弹性系数。

5.4.2　模型估计结果

利用分位数回归模型对不同收入群体的代际关系进行分析，探求不同收

入水平群体的代际收入流动性的差异。模型数据中，父代收入为自变量，子代收入为因变量，父代学历、父代职业作为影响变量参与模型回归，同时探求父代不同社会资本、人力资本因素的代际传递情况。本小结将父代收入按0.1的间隔进行分别回归，结果如下（表5-7、图5-4）：

总体趋势是随着分位数逐渐增大，父代收入对子代的收入的影响呈现先升高、后降低的倒"U"形走势，即不同分位点群体的代际收入弹性系数波动较大，说明群体之间父代收入对子代收入的代际影响程度是不同的。其中在30分位点最高，代际收入弹性为0.48，在90分位点时最低，代际收入弹性为0.31，具体不同分位点时的代际收入弹性变化分析如下：

在10～30分位点时（父代低收入阶段），代际收入传递逐渐升高，说明父代在低收入时，由于父代一方面没有足够的财富资本留给子代，另一方面也没有足够的财富资本投入子代人力资本的提升上，故代际传递较低。当父代收入得到不断提升后，父代给予子代的直接财富资本或通过财富资本间接地提升了子代的人力资本与社会资本的程度也随之加大，故呈现出代际传递的不断提升。

在40～60分位点时，代际收入弹性趋势较为平缓。说明当父代收入达到中等收入后，父代对子代的财富资本、社会资本、人力资本的投入较为稳定，即父代收入保持稳定时，父代对子代的财富资本、人力资本、社会资本的投入既不会突然大量减少，也不会大量提升。这个阶段的社会逐渐趋向于固化，即出现更多的子承父业的现象，出现更多的行业壁垒，形成"龙生龙、凤生凤、老鼠的子代会打洞"的普遍传递现象。这也解释了目前社会出现内卷等社会现象的原因，这种封闭运行的稳定状态，长久来看会在一定程度上阻碍社会的进步与发展。总而言之，中等收入时代际收入流动会处于停滞状态，代际传递稳定在较高水平。

在60～90分位点时，父代收入水平较高，此时更高的父代收入会转化为其他投资，此时投入的财富资本、人力资本、社会资本会趋于稳定。同期子代学历对子代收入的影响逐渐加大，这说明当父代提供一定量财富资本、社会资本、人力资本后，子代的学历水平对子代收入的贡献逐渐提升，更加体现出子代自身的因素对子代收入的影响。

表 5－7　分位数回归分析结果

变量	分位数 0.10	分位数 0.20	分位数 0.30	分位数 0.40	分位数 0.50	分位数 0.60	分位数 0.70	分位数 0.80	分位数 0.90
常数	2.705**	2.436**	2.300**	2.397**	2.466**	2.406**	2.663**	2.951**	3.206**
	(13.996)	(23.159)	(27.976)	(37.360)	(39.282)	(37.017)	(32.673)	(30.588)	(21.382)
父代收入	0.325**	0.426**	0.476**	0.450**	0.442**	0.470**	0.420**	0.356**	0.309**
	(6.897)	(16.846)	(23.953)	(28.909)	(28.926)	(29.645)	(21.105)	(15.056)	(8.255)
子代学历	−0.010	−0.009	−0.005	0.019**	0.022**	0.017**	0.017**	0.026**	0.041**
	(−0.694)	(−1.113)	(−0.752)	(3.927)	(4.679)	(3.572)	(2.942)	(4.374)	(4.903)
子代职业	0.022**	0.010*	0.007*	0.004	−0.000	−0.001	−0.000	0.005*	−0.004
	(3.827)	(2.511)	(2.325)	(1.517)	(−0.031)	(−0.438)	(−0.190)	(1.996)	(−1.142)
样本量	1 302	1 302	1 302	1 302	1 302	1 302	1 302	1 302	1 302
R^2	0.130	0.165	0.178	0.209	0.217	0.199	0.193	0.182	0.160

注：* $P<0.05$　** $P<0.01$，括号里面为 t 值。

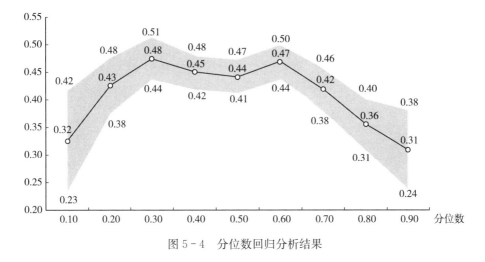

图 5－4　分位数回归分析结果

特别需要分析的是分位点在 30/60 时：一是在 30 分位点时，代际收入
弹性达到最高值，说明在低收入跨入中等收入发生的代际传递现象是最严重
的。主要原因为父代收入实现由低到中等跨越时，父代会对子代投入更多的
财富资本，并急迫提升子代社会资本、人力资本，以确保不会出现阶层下
跌。二是在 60 分位点时，代际收入弹性提升到中等收入的最高点，仅次于

30 分位，再次说明发生阶层跨越时，代际收入弹性会提升并发生较高的代际收入传递现象。

5.5 本章小结

本章基于最小二乘法、二阶段回归模型等方法对新疆南疆四地州代际收入流动性进行了测算。结果显示：

一是 OLS 测算下，新疆南疆四地州代际收入弹性为 0.391，意味着父代收入会对子代收入产生显著的正向影响关系，这与其他学者关于中国代际收入弹性的测算基本一致。

二是考虑到子代收入变量的内生性问题，采用二阶段回归模型的新疆南疆四地州代际收入弹性为 0.432。

为了进一步探究不同收入群体的代际收入流动性是否一致，本书采用分位数回归法分析"低、中、高"等不同收入水平的父代收入传递情况，研究发现：

一是随着分位数逐渐增大，父代收入对子代的收入的影响呈现先升高、后降低的倒"U"形走势，即不同分位点群体的代际收入弹性系数波动较大，说明群体之间父代收入对子代收入的代际影响程度是不同的。

二是在 30 分位点最高，代际收入弹性为 0.48，在 90 分位点时最低，代际收入弹性为 0.31，可以基本判定低收入群体的代际收入流动性更低，代际收入传递更加普遍；高收入群体代际收入流动较高，代际收入弹性较小。

三是低收入水平父代迈入中收入水平、中收入水平父代迈入高收入水平时，代际收入传递呈上升趋势且会达到阶段高值。

第 6 章

农户代际收入传递机制

代际收入跨代转移的过程十分复杂，且父代的收入对子代收入产生了多种直接和间接的作用，因此，对于父代的收入对子代的收入产生什么样的作用机理，学界尚无明确结论。目前，由于其影响因素多集中于家庭环境和个体特点，很多因素都难以被直接度量，这给揭示其影响机理带来了困难。因为很难完整地将父代与子代间的收入转移路径完整地分离出来[107]，所以大多数学者都只考察了几条转移路径对子代收入转移的影响。第一类研究方法，将基于遗传关联的亲属间的经济收入和没有遗传关联的邻里间的经济收入进行关联，并结合共同生活背景下的邻里间的经济收入，来探讨遗传关联对世代间遗传关系的影响。第二类方法则是利用中间变量方法，构建结构方程模式，来区分各因素对代际收入传递的重要性。根据代际收入传递理论及国内外研究进展，本书认为代际收入传递的核心路径：一是父代财富资本直接传递，即越富有的家庭越有财力，越能够在子代的教育上投入更多的资金，给子代更优质的上学机会，并获得更多的津贴。如果这种对财产的投资给子代带来了更大的经济利益和更高的人力资源，则这种影响被解释为家庭的财产资本。二是人力资本，若父代受过较高的教育，拥有较高学历水平，其子代所取得的经济收益也较高，则这种影响可能是由家庭的人力资本所造成的。三是社会资本，即拥有较好社会资本的家庭拥有更为广泛的社交网络，能够为子代的工作、事业发展等带来更多的机遇，而这种机遇又是由子代所拥有的。

基于以上理论分析，本章首先对代际传递的路径提出假设，而后运用中间变量法、中介分析法、结构方程 SEM 模型路径分析等方法，揭示出具体的传递路径及人力资本、社会资本、财富资本在传递中的贡献程度，从而揭示代际传递的内在机制。

6.1　理论假设

以往学者在代际收入传递的机制方面认为核心因素为人力资本、社会资本和财富资本。在人力资本方面，每个人自出生那一刻起，其自身的资源禀赋就以人力资本的形式展现了，即子代的智商、健康等人力资本通过基因遗传实现了代际的传递；子代成长过程中父代对子代营养健康、医疗保健的投入也是父代对子代人力资本传递的方式之一；子代的教育水平与父代受教育水平、收入、居住社区类别等都有相关关系，较高受教育水平的父代往往更加注重子代教育，在收入较高的水平下，投入更多的收入用以提升子代受教育水平，这是子代无形中接受父代的人力资本传递。无论前人研究成果还是现实经验，均说明了较高父代人力资本投入下的子代具有较强的人力资本，且能够在未来获得更高的子代收入。

假设 1：父代人力资本对子代收入产生正向显著影响。

在社会资本方面，一般认为拥有较好社会网络关系、拥有较高社会地位、具备行业重要地位等人力资本的父代，往往具有较高的收入，且其拥有的社会网络关系能够在无形中给子代带来先天的竞争优势，即拥有较好社会网络关系的父代，其在劳动力市场中获取各类资讯或"商机"的机会较大，在同样竞争情况下具备提前准备、知己知彼的竞争优势，往往能够获得更高的收益，占据行业的领导位置，此后将在行业更高的位置上获取更加大量有效的资讯，从而进一步提升自身的收入。那么在子代成长过程中，子代的见闻也将更加宽广，接触的信息将更加适应未来竞争需要，此外在子代具备劳动能力后，子代获取社会资源的途径主要从父代继承，具有较强的便利性及可利用性，导致子代在同样的竞争环境下具备较强的竞争优势。这在广大的欠发达国家及发展中国家十分常见。这种以"小圈子"为核心的群体极易在竞争中获得寻租机会，形成以父代介绍工作或在工作中"打招呼"等事实上来自父代的社会资本，而非来自个体的努力。

假设 2：父代社会资本对子代收入产生正向显著影响。

在财富资本方面，我国的财富观念中继承父代资产是"天经地义"的事情，甚至很多地区的父代积累财富的目的就是为了传给子代。这种以血缘关系为纽带的财富继承观念已经深入人心，形成了我国最显著的财富代际传递。特别是改革开放以来，我国经济高速发展，先富地区、先富群体与欠发达地区、收入落后群体的财富差异越来越大，造成了社会中"穷者愈穷、富者恒富"的社会贫富差距、社会代际传递、社会阶层固化的现象。究其原因主要是先富人群掌握了更多的社会资源，形成了较为稳定的获益渠道，且由于先富地区的经济发展水平较高，金融发展成熟，因此先富群体利用金融利息、金融杠杆等实现资源的不断积累，可以说富裕人群利用资产便可以实现收益。但欠发达地区，特别是广大的乡村地区，低收入人群并无较高的等价物进行抵押，无法获得金融资产，且从事的劳动均为农产品种植或初级农产品加工行业，导致广大贫困人群无法在有限的资源中实现资产增值，形成了资产收益大于劳动力收益的问题。此外，先富人群往往有更多的房产、土地等资源，在当前我国快速推进城市化中，"炒房""拆迁"等围绕房地产实现"一夜暴富"的例子比比皆是，但低收入群体由于资金有限，并不能参与房地产蓬勃发展带来的不动产溢价等社会红利中，也导致低收入群体的子代无法通过不动产继承实现收入的增长。由此父代财富资本对子代收入的影响也是巨大的。

假设 3：父代财富资本对子代收入具有显著正向影响。

在现实情况下，除富裕群体可以通过资产的直接传递外，普通人更多的是通过加大对子代教育等投入来实现子代收入的提升。如当前父代通过购买"学区房"、投资"名校"等方式给予子代更好的教育，通过教育实现子代在未来劳动力市场中获取较强的竞争力，从而实现收入的提升。此外，父代通过经营自身社会资源，或直接通过家庭介绍、熟人介绍等方式实现社会关系网络的传递，最终帮助建立子代的社会关系网络，最终提升了子代的收入。

假设 4：父代通过提升子代人力资本、社会资本实现代际收入传递。

6.2　模型设定

以往的经验研究中，学者们从不同角度探讨了父代和子代之间经济收入的代际传递机理。其方法有三种：一是通过对有基因关联或无关联的兄弟姊妹的收入资料，将其与环境因素相分离并进行分析[111]。二是利用诸如减税和政策津贴这样的收入振荡对收入产生的影响进行分析。三是对各种中间变量进行统计分解，并对其进行分析，以确定其重要程度。本书采用第三类方法，对各类中间变量进行分析，并借鉴袁志刚、陈琳的研究思路开展研究。

第 5 章中运用二阶段回归、分位数回归等方法对代际收入弹性系数进行了较为全面的测算，该测算过程可以理解为父代对子代单纯的收入直接传递，无法衡量父代人力资本、父代社会资本对子代收入的影响，因此建立以下两个模型来分析人力资本、社会资本与财富资本对子代经济收入的影响。

$$\ln_{j,i} = \varphi_j + \lambda_j y_i^{father} + \mu_{j,i} \qquad (6-1)$$

式（6-1）为父亲经济收入对子代能力资本的投入模型，y_i^{father} 为家庭 i 中父亲经济收入的对数，$\ln_{j,i}$ 为家庭 i 中子代的能力资本，$j=1$，2，3，分别为人力资本、社会资本与财富资本，λ_j 为投资率，φ_j 为常数项，$\mu_{j,i}$ 为误差项。

$$y_i^{child} = \omega + \sum_{j=1}^{3} \theta_j \ln_{j,i} + \upsilon_i \qquad (6-2)$$

式（6-2）为子代能力资本对子代经济收入的产出模型，y_i^{child} 为家庭 i 中子代经济收入的对数，θ_j 为产出率，ω 为常数项，υ_i 为误差项。此时，代际收入弹性系数 β 与投入产出率满足：

$$\beta = \sum_{j=1}^{3} \lambda_i \theta_i + \frac{\mathrm{Cov}(\upsilon_i,\ y_i^{father})}{\mathrm{Var}(y_i^{father})} \qquad (6-3)$$

由于理论分析中提出的假设认为父代收入不仅是收入的直接传递，也不仅受子代的人力资本、社会资本、财富资本等能力资本的影响，父代还通过对子代人力资本、社会资本的影响，对子代收入产生影响，因此在式（6-2）的基础上建立中介分析模型，其中中介变量对代际收入流动的贡献率 τ_j 和中介变量的总贡献率 τ 分别为：

$$\tau_j = \frac{\lambda_i \theta_j}{\beta} \qquad (6-4)$$

$$\tau = \sum_{j=1}^{3} \tau_j \qquad (6-5)$$

以上分析模型能够很好地解释父代人力资本、社会资本、财富资本对子代收入直接影响程度和中介变量的影响程度，但还无法表达代际传递的具体路径，因此本书建立代际传递结构方程 SEM 模型，探究各变量对子代收入的传递路径。

首先，建立观测模型。主要用于表示潜在变量与观测变量之间的动态关系，观测模型实际上是观测变量向潜在变量回归，本质上是一个回归模型，因此可以用如下方程来表示：

$$y_i = \Lambda \omega_i + \varepsilon_i \quad i = 1, 2, \cdots, n \qquad (6-6)$$

式中，y_i 表示 $p \times 1$ 的观测向量，Λ 为观测向量对应的 $p \times q$ 的因子矩阵，ω 为 $p \times 1$ 的因子得分向量，ε_i 是与 ω_i 独立的误差项。

其次，建立结构模型。主要用来表达潜在变量之间的结构关系，且结构模型不仅考虑了内生潜在变量对选择的内生变量的影响，同时也考虑了内生变量对外生变量的影响，实际上也是一个回归模型。可以用如下方程式来表示：

$$\eta_i = \prod_i i + \Gamma \xi_i + \delta_i \quad i = 1, 2, \cdots, n \qquad (6-7)$$

式中，η_i 和 ξ_i 分别是 $q_1 \times 1$ 和 $q_2 \times 1$ 的潜在变量，$\prod$ 和 Γ 表示未知的相关参数矩阵，δ_i 为误差项。

根据结构方程原理及本书的方程设计，可以构建方程结构图 6-1：

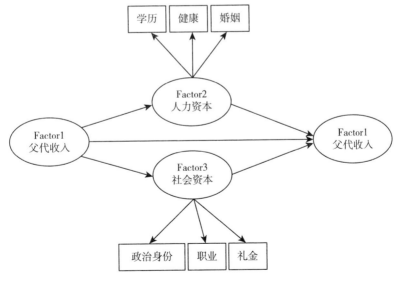

图 6-1　代际收入传递结构图

6.3 变量选择

第 5 章中对子代父代的代际收入弹性系数进行了较为全面的测算，该测算过程可以理解为父代对子代单纯的收入（财富资本）的直接传递，由于财富的直接传递较为简单，因此本章中不再对父代财富资本的传递进行分析。

本章研究中涉及的人力资本变量、社会资本变量均在第 5 章中进行了界定，数据与第 5 章保持一致，本章不再赘述。

6.4 实证结果

6.4.1 模型路径系数估计

模型结果显示，在分析父代收入对于子代收入影响时，标准化路径系数值为 0.494＞0，并且此路径呈现出 0.01 水平的显著性（$Z=20.066$，$P=0.000＜0.01$），说明父代收入会对子代收入产生显著的正向影响关系。

在分析子代职业对子代收入影响时，标准化路径系数值为 0.048＞0，并且此路径呈现出 0.05 水平的显著性（$Z=2.030$，$P=0.042＜0.05$），说明子代职业会对子代收入产生显著的正向影响关系。

在分析子代学历对于子代收入影响时，标准化路径系数值为 0.096＞0，并且此路径呈现出 0.01 水平的显著性（$Z=3.947$，$P=0.000＜0.01$），说明子代学历会对子代收入产生显著的正向影响关系。

在分析父代收入对于子代职业影响时，标准化路径系数值为 0.169＞0，并且此路径呈现出 0.01 水平的显著性（$Z=6.179$，$P=0.000＜0.01$），说明父代收入会对子代职业产生显著的正向影响关系。

在分析父代收入对于子代学历影响时，标准化路径系数值为 0.270＞0，并且此路径呈现出 0.01 水平的显著性（$Z=10.106$，$P=0.000＜0.01$），因而说明父代收入对子代学历产生显著的正向影响关系。

根据模型研究结果，前述假设 1、2、3 均成立，具体分析结果如表 6-1 所示。

表 6-1　模型回归（路径）系数汇总

X	→	Y	非标准化路径系数	SE	Z（CR 值）	P	标准化路径系数
父代收入	→	子代收入	0.366	0.018	20.066	0.000	0.494
子代职业	→	子代收入	0.005	0.002	2.030	0.042	0.048
子代学历	→	子代收入	0.020	0.005	3.947	0.000	0.096
父代收入	→	子代职业	1.248	0.202	6.179	0.000	0.169
父代收入	→	子代学历	0.944	0.093	10.106	0.000	0.270

注：→表示影响关系。

根据模型研究结果，绘制模型路径关系如图 6-2 所示，这也证明了本章模型（6-2）结构图 6-1 的准确性，各变量间的标准化路径系数也在本小节进行了描述，在此不作过多赘述。

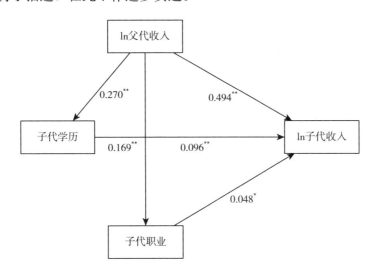

图 6-2　模型回归（路径）关系图

注：图中数字为标准化路径系数，*号表示显著性（*$P<0.05$，**$P<0.01$）。

6.4.2　模型的总效应检验结果

为了保证检验结果更加稳健，本书使用 bootstrap（$n=2\,000$）方法对子代人力资本、社会资本与财富资本的中介效应进行分析。表 6-2 为模型的中介效应检验结果，表 6-3 为模型的总效应检验结果。

表 6 - 2　中介效应模型检验

项目	子代收入	子代学历	子代职业	子代收入
常数	2.741** (36.755)	−0.821* (−2.061)	−2.528** (−2.935)	2.770** (37.352)
父代收入	0.391** (22.329)	0.944** (10.088)	1.249** (6.181)	0.366** (20.268)
子代学历				0.020** (3.605)
子代职业				0.005 (1.843)
样本量	1 302	1 302	1 302	1 302
R^2	0.277	0.073	0.029	0.292
调整 R^2	0.277	0.072	0.028	0.290
F 值	$F(1, 1\,300)=498.602$, $P=0.000$	$F(1, 1\,300)=101.774$, $P=0.000$	$F(1, 1\,300)=38.202$, $P=0.000$	$F(3, 1\,298)=178.066$, $P=0.000$

注：$*P<0.05$　$**P<0.01$，括号里面为 t 值。

中介效应模型共分为三类；

第 1 类回归模型为自变量 X 与因变量 Y 的回归模型构建。

第 2 类回归模型为自变量 X 与中介变量 M 的回模型构建（如果多个中介变量则多个模型）。

第 3 类回归模型为自变量 X、中介变量 M 与因变量 Y 的回归模型构建。

从表 6 - 2 可知，中介效应分析共涉及 4 个模型，分别如下：

$$\ln(Y_i^{child})=2.741+0.391\times\ln(Y_i^{father}) \tag{6-8}$$

$$E_i^{child}=-0.821+0.944\times\ln(Y_i^{father}) \tag{6-9}$$

$$O_i^{child}=-2.528+1.249\times\ln(Y_i^{father}) \tag{6-10}$$

$$\ln(Y_i^{child})=2.770+0.366\times\ln(Y_i^{father})+0.020\times E_i^{child}+0.005\times O_i^{child} \tag{6-11}$$

从以上中介效应模型分析可知：父代收入与子代收入之间仍主要通过收入间的直接传递为核心传递路径，假设 2 成立；此外，父代可以通过子代学历、子代职业作为中介变量影响子代收入，假设 5 成立。

表 6 - 3 中介作用检验结果汇总

项目	检验结论	c 总效应	$a \times b$ 中介效应	c 直接效应	效应占比公式	效应占比
父代收入＝＞子代学历＝＞子代收入	部分中介	0.391	0.019	0.366	a×b/c	4.908％
父代收入＝＞子代职业＝＞子代收入	部分中介	0.391	0.006	0.366	a×b/c	1.538％

6.5 本章小结

本章综合前人研究结果及第 5 章针对代际收入流动性测算的父代人力资本、社会资本、财富资本与子代收入的相关性，运用中间变量法、中介分析、SEM 模型路径分析等方法研究了父代收入、子代收入、人力资本、社会资本等变量间的传递程度及传递方向。研究结果表明：

一是父代财富资本会对子代收入产生显著的正向影响，且父代对子代收入的影响程度达到了 49％，说明了南疆四地州代际传递主要是代际间的收入的传递，是核心的代际传递特征。

二是子代职业、子代学历均会对子代收入产生显著的正向影响。这也说明了子代在教育、学历上会影响子代未来的收入，因此也要求父代必须加大对子代教育、职业选择的投入，特别是对子代教育的投入，提升子代人力资本与社会资本。这也印证了现在"读书改变命运"仍然适用，是对"读书无用论"的直接反驳。

三是父代收入会对子代职业、学历产生显著的正向影响，说明父代不仅可以直接通过财富的传递来增加子代的收入，也可以通过增加对子代人力资本、社会资本等中介变量的投入来增加子代收入。

本书认为，新疆南疆四地州农户代际收入传递以代际间的财富直接传递为主，但也可以通过子代的人力资本、社会资本间接影响到子代收入。

第 7 章

提升代际收入流动性的政策建议

　　构建提升代际收入流动性的政策体系是一个十分复杂的过程和一个长期性、系统性的大工程，涉及顶层制度设计、产业重构与调整升级，财政政策与税收政策变革等诸多内容。根据本书前述研究内容，新疆南疆四地州目前代际收入传递路径主要以父代以财富形式直接传递给子代，从而使子代收入实现快速增加，同时还通过投资子代教育、影响子代职业选择等间接影响子代收入，且处于不同收入阶段的父代对子代代际收入传递程度也是不同的，路径多而繁杂，但主要形式为财富的直接传递。因此提升代际收入流动性的政策不能一概而论，更不能一刀切，否则可能造成社会生产效率的下降，不利于社会发展与进步。

　　虽然当前新疆南疆四地州农户收入代际传递的主要特征是财富的传递，但由于南疆四地州资源禀赋不高、长期处于发展滞后状态，因此新疆南疆四地州农户收入传递的本质是低收入的传递。这是由于长期处于低收入状态的父代，无法对自身进行人力资本和社会资本的积累与提升，形成无法突破的低收入"囚笼"。同时由于父代收入较低，无法直接传递财富资本到子代，也无力对子代的人力资本及社会资本进行投资，导致子代也长期处于社会竞争劣势，成为新的低收入或贫困人群，导致低收入的代际传递现象高发，且无法实现突破。不可否认的是新疆南疆四地州农户收入除受到自身人力资本、社会资本制约外，同时也受到南疆四地州资源禀赋、经济结构及发展模式的影响。因此探索发展模式，提升农户收入水平是解决代际传递的核心策略。此外，教育、就业、医疗、社会保障均对父代、子代人力资本、社会资本产生较大影响，进而影响代际收入传递。

综上研究，本书认为提升代际收入流动性的政策体系的核心是提升农户收入水平。现有城乡二元发展体制下农村发展劣势明显，无法支撑农户收入实现较大提升，并实现代际传递流动性的提升，因此必须转变农村现有的产业发展思路与模式，形成农村经济增长与农户收入提升，从而使代际收入传递水平维持在较低水平。此外政府应加大教育、医疗保健等基础公共服务，同时完善社会保障制度，提升农村地区老人、儿童等弱势群体的保障力度，确保农村家庭收入的持续增长。

7.1　提升农户收入，降低代际传递程度

当前南疆四地州代际传递的主要类型和内容是父代财富对子代的直接传递，且在第 5 章中已经利用分位数测算得出，在不同收入水平下的代际传递是不同的，即在低收入与高收入时，父代对子代的代际传递是最小的。鉴于此，本书认为提升代际收入流动性的核心措施是不断提升农户收入，即当南疆四地州农户收入基本面得到总体提升后，个人间财富差距不断缩小，代际传递会随着总体收入的提升而降低，代际收入流动性将进一步加强，社会趋向于公平化。

新疆南疆四地州是新疆传统的产棉区及红枣、核桃等林果产业种植区，具备一定的农村产业发展基础，但较为传统、单一的产业发展模式显然无法持续提升农户收入，无法承担乡村振兴与可持续发展的重任，因此如何最大化挖掘新疆南疆四地州农村资源、如何实现资源的变现、如何有效管理等都是亟待解决的发展问题。本小节结合新疆南疆四地州调研实践，创新提出新疆南疆四地州经济发展新模式，以期提升农户收入，形成可持续发展的新道路。

7.1.1　实现新疆南疆四地州生态资源资产化

第一，要坚持贯彻农村土地产权制度，深入推进农村土地"所有权、使用权、经营权"三权分离制度改革，此外落实集体产权制度，实现集体所有，集体共享，按劳分配，为农村生态资源资产化提供制度依据与支持，提

升农户生产积极性与能动性。

第二，做好新疆南疆四地州生态资源要素盘点，形成山、水、田、林、湖、草、沙、滩涂等农村资源资产的精准台账，为农业产业化提供资源基础。

第三，制定资源要素的系统化开发与利用办法，转变各自为政的小农生产方式。一是要调整当前农产品生产结构，以市场需求为导向，严格按照农产品质量标准进行生产，提升农产品质量；二是调整农产品的种植结构，因地制宜，提升产能；三是做好专业化分工，实现农业生产前、中、后期全产业链管理，形成标准化农业。

第四，必须做好农产品生产、加工与销售标准化。新疆南疆四地州农产品应按照国标建立和完善农产品质量标准体系、农业标准化示范体系、农药残留及其有毒有害物质卫生安全标准体系、农产品龙头企业标准体系等。要依靠完善的标准体系，提高农业标准的科学性、先进性、适用性。农业标准化体系建设，优先考虑产业发展急需的农业行业标准和生产技术规程，根据国家相关标准和行业标准，结合实际，配套完善主要农产品产地环境要求、农业投入品使用、生产栽培（养殖）管理、农产品采收（捕捞）等农业地方标准，特别是要加快完善优势农产品、出口农产品和特色农产品质量安全标准的制定。农产品深加工能力仍比较薄弱，所以，要对初级产品和加工产品的比重结构进行调整，使初级农产品向加工产品转变，从而提升农产品的附加值。

第五，改变传统发展思路，挖掘生态资源要素，同时做好资源价值评估，实现资源可对价交易机制。生态资源可标价、可交易后，农村经济发展将实现重大突破，推动各类生态资源变现，拓宽农户增收渠道。

第六，要对农产品市场进行调整，由政府主导农产品流通转变为由农户自己主导并参与市场流通；同时，创造出一种新型的农村合作经济组织和中介组织，以此来促进建立起一套适合于农村的市场体系，从而降低市场的风险，保障农户的权益。

7.1.2 加强农村经济组织建设，实现公司化治理

当前新疆农村经济组织建设以村干部牵头的农村合作社为主，更多的为

技术类、流通类，无法单独承担配置农村所有资源要素的责任。因此必须要有专业组织进行运营。可建立由政府、村集体、私人股东等多元主体组成的股份公司，其中政府以水、电、气等基础建设作价入股，村集体以其所有资源要素作价入股，私人股东以资金入股，形成 PPP 模式。政府、村集体的入股也能够避免经营主体私人化，形成共同治理、共享受益的利益共同体。农民流转土地后可收到租金收益，同时受雇于公司赚取工资性收入，此外，也可转变为私人股东，实现经营分红收益。农民受雇于公司后，可购买职工社保，短时间内实现社会保障的升级。

7.1.3　加强信贷与保险，提升村域经济金融化水平

农村居民收入远远低于城市职工收入的重要原因除了经营资料与个人本身的因素，还存在着金融参与度低、信贷匮乏等原因。银行等金融机构更偏向于具备经营稳定、收益风险较小的客户。长久以来，农村地区除政策性信贷外，主要以抵押贷款为主，但小农户经营方式下，能够提供抵押物的农户少之又少，金融杠杆的缺失使农村居民无法扩大规模或进行其他经营行为。实现了村域自然资源要素资产化后，具备了对价能力，经营组织可以将经过评估后的标准化、资本化的综合资源包作为抵押物，获得更大融资。

7.2　加大基础教育投资，提升农村儿童向上流动机会

本书前述研究认为，父代受教育程度（学历）对子代收入具有显著影响，即父代通过影响子代人力资本及社会资本对子代收入产生间接影响，是代际收入传递中的重要影响因素，提升子代教育对提升子代人力资本、社会资本意义重大。本书前述南疆四地州宏观数据分析中明确指出，当前新疆南疆四地州普通高等学校数量最少、小学数量及每万人拥有量均最高，此外中等职业学校、高中等学校万人拥有量均低于全疆平均水平，新疆南疆四地州义务教育外学校仍有提升空间，因此加大南疆四地州基础教育投资，提升农村儿童受教育年限，对提升新疆南疆四地州代际收入流动性具有重要作用。

7.2.1 加快教育制度改革，实现教育机会均等化

机会平等是个体作为自由流动的人在所处公平、公正环境中获得平等的教育、就业机会。机会平等是个体实现长久发展的内生动力之一。一旦机会长期被少部分群体占有，那么在资源有限的情况下，其他大部分社会个体无法获得平等的机会进行竞争，特别是低收入人群，将丧失向上流动的可能性，势必会造成低收入群体丧失发展动力，陷入竞争劣势，且随着机会的丧失，低收入群体向上流动的可能性随之下降。

长期以来，我国二元发展体制下城乡实施的两套经济、医疗、教育等制度事实上已经割裂了城乡发展，造成城乡差距越来越大，特别是城镇教育资源不管是数量还是质量，均远超农村。

当前农村基础教育学校、中等教育学校还面临着优秀生源外流至城市，出现学校"空心化"的窘境，进一步加深了城乡教育不均与农村人力资本的缺失。而个体受教育程度与其收入呈现正相关关系，教育机会的不均衡直接导致收入的差距。目前国内外学者均认为教育公平可以视作社会公平的基础，因此政府要将实现基本的公共教育均等化作为当前重要的目标。一是加快政府转移支付，进一步加大对南疆四地州农村和低收入困难家庭的教育投入，积极提升南疆四地州农村中小学校办学硬件条件，形成合理化的教育资源空间布局。二是教育资源要重点向低收入群体倾斜，实现教育资源的全面覆盖，实现低收入人群也都能够接受良好的教育，坚持 15 年义务教育政策，并且注重提升学龄儿童入学率，确保应入学尽入学，从而解决当前阶层分化以及贫富群体间不断扩大的教育机会不均等问题。三是提升南疆四地州中小学校的教学质量，提高农村师资队伍的水平，加强优秀教学资源的网络共享与帮扶，加强优秀师资的流动与轮岗，对农村教师在经济上给予一定支持与补贴。四是改革农村中小学课程体系，特别是在素质教育的基础上拓展特色教育，拓宽农村学生向上的升学通道。

7.2.2 优化农村学历结构，提升人力资本存量

在实现教育均等化后，应该更加关注新疆南疆四地州农村地区的学历结构。因为不同的学历结构对于农户是否具备人力资本优势具有明显的影响作

用，对农户代际收入传递具有间接影响。本书前述实地调研数据显示，南疆四地州父代的学历水平基本不高，文盲比例为 18.7%，占比最高的是小学学历，为 52.8%，其次是初中，占比为 24.7%，高中及以上的占比为 3.9%；子代学历占比最高的为初中学历，为 48.8%，最低的是文盲，仅占 3.2%，小学水平为 23.7%，较父代学历水平大幅降低了 29.1 个百分点。可见高中及以上学历提升明显，说明子代的受教育水平比父代有了明显提升，但子代受教育水平仍处于义务教育阶段，中、高等教育水平不足，新疆南疆四地州人力资本竞争力偏弱。因此，需要政府通过加大财政对南疆四地州的支持力度，在全面完善义务教育的基础之上，加强农村高职和高中教育的投入，建立更多的初中、高中学校及专科学校、高等学校等高素质教育机构，着重提升教学质量，鼓励学生对更高教育的追求，对于每个完成阶段学历的学生家庭给予奖励，奖励标准随着学历层次的提高而提高。特别是加大对困难群体的高等教育扶持力度，加快高等教育免息贷款、学费减免及生活补助等多种措施，提升高等教育的比例，从而能够匹配南疆四地州经济发展对高层次人才的需求，促进农村人才就业与创业，实现人力资本竞争力的不断提升，降低代际传递程度，提升代际流动性。

7.3　加强职业技能教育与培训，推动农村富余劳动力转移

父代社会资本对子代收入具有强相关关系，择业及就业能力的不同直接决定了新疆南疆四地州农户社会资本的竞争力，影响父代社会资本，从而对子代收入产生巨大影响。且不同技能导致父代从事的职业各不相同，即高技能水平父代的职业选择机会会高于低技能父代，意味着高技能父代家庭拥有的社会资本往往是高质量和高数量的，这对父代整个生命周期的收入均有显著提升作用，且高技能父代可以通过影响子代职业选择、传递财富资本等多种形式提升子代社会资本，从而使子代在劳动市场竞争中获得较高的优势，形成子代收入的增长。表明父代社会资本对子代的代际人力资本传递是正向但不公平的，因此需要提升子代择业与就业的能力。一方面，当前新疆南疆四地州农村地区产业发展滞后，无法承载农村富余劳动力；另一方面，随着我国城镇化的不断发展，产业转型升级，技术与工业、农业的融合日趋紧

密，高质量经济发展对个人力资本的需求提出了更高的要求。因此，低技能的廉价劳动力在就业市场逐渐丧失择业、就业能力，这就要求新疆南疆四地州农村劳动力的专业素质与生产技能必须尽快提升，适配生产需要。一是政府需要大力提升南疆四地州职业教育机构投入力度，根据社会发展需要，建立科学、完善的职业技能培训学校，培养适配当前就业市场迫切需要的技术型人才。二是加大农村宣传力度，推动南疆四地州农村劳动力转变就业观念，提升劳动力转移的内生动力。三是要建立农村劳动力职业培训奖励机制，针对参与职业技能培训并成功实现就业的，给予一定奖励，提升技能培训的参与度与农村富余劳动力的就业机会。职业技能培训的提升势必会增加南疆四地州农村劳动力就业机会与收入水平，实现农村家庭父代、子代人力资本、社会资本的跨越式提升，改善因就业能力导致的收入差距，提升代际收入流动性。

7.4　增加高水平医疗卫生机构，提升农村医疗服务水平

健康是人力资本的核心要素之一，关注健康对提升南疆四地州农户人力资本具有重要意义。本研究发现父代健康水平对子代收入影响不显著，但现实情况中医疗水平确实与南疆四地州居民收入相关。当前新疆南疆四地州平均每万人拥有床位数高于新疆平均水平，且南疆四地州卫生技术人员人均拥有量也高于新疆平均水平，但当前南疆四地州具有高水平的诊治水平的医院数量不足，具备诊治能力的执业医师数量也严重不足，核心公共医疗服务的不足造成了南疆四地州农村人力资本的竞争劣势，意味着健康成本较城镇居民高，健康的稳定性也潜在影响农户收入，造成代际传递的巨大差异。因此，应快速完善南疆四地州高水平医疗机构建设与医疗人才引进。一是政府要加大对新疆南疆四地州农村地区医疗卫生事业建设的财政转移支付的力度，加大高水平医疗服务机构的开发投资与建设，提供高水平诊治服务。二是加大新疆南疆四地州村镇公共医疗事业的资金投入与政策支持，采购与配置新型医疗诊断辅助设备，提升农村医务站点医疗诊疗水平，提升农村居民医疗保健能力。三是积极引进高水平医师，开展定期巡诊，实现优势诊疗资源城乡共享。四是加大现有基层医疗人员医疗诊治与护理能力培训力度，为

南疆四地州农户提供高水平、高质量、高效率的医疗服务。五是利用前期贫困群体建档立卡的管理办法，针对低收入人群进行专门化管理，建立预警机制，避免出现大范围因病致贫的情况；同时简化困难群众就医流程，开设就医绿色通道，提升低收入困难人群的就医效率，降低就医成本。六是加大社会参与力度，利用好三次分配的资金，引入社会公益性基金，实现政府、社会共同参与，定向提升南疆四地州医疗服务水平，保障困难群体收入不会受到较大影响，降低代际传递水平。

7.5　加大政府兜底力度，提升困难群体社会保障能力

本书前述研究结论指出，新疆南疆四地州代际传递的主要路径是父代财富对子代的直接传递。由于困难群体自身财富资本、人力资本及社会资本均较匮乏，提升低收入群体代际收入流动性必须从父代入手，避免父代将贫困传递给子代。由于所处环境及历史原因，新疆南疆四地州困难群体的个体差异化比较大且成因复杂，特别是老人及儿童等无收入的特殊、困难群体无法独立实现自我发展，需要政府及时介入进行兜底，确保困难群体的生存、教育、就业等基本权利。一是降低困难群体参保成本，具体可降低困难群体入保门槛，同时提升困难群体的医保报销、养老金等比例，达到降低困难群体社会保障成本、提升保障能力的作用。二是加大对困难群体医疗救助，定期为农村贫困群体实施免费体检和基础医疗服务，帮助困难群体预防重大疾病的发生。三是在政府转移支出有限的情况下，引入政策性保险，如重大疾病险、身故险、经营财产险等，以低保费高赔付率的形式提升低收入人群的生活保障水平。四是推行困难群体儿童福利计划。针对子代建档立卡，确保所有政策落在子代，避免出现家庭挪用等现象，切实增强子代的健康水平与教育水平，最终使困难群体的子代参与社会公平竞争，提升子代人力资本与社会资本竞争力，实现代际收入流动性的提高。

7.6　加大对口帮扶力度，导入优势资源

改革开放后，为打破僵化的计划经济体制，提升社会生产效率，逐渐形

成了"允许一部分人、一部分地区先富起来""先富带后富、帮后富"的发展共识。然而改革开放并未废除长期以来的城乡二元发展体制，造成了社会结构的分化，快速富裕的群体与发展落后的群体形成了巨大的差距。主要特点是地区发展差距、群体发展差距日益凸显，特别是先富的群体占据了行业优势，往往形成垄断或后人无法超越的技术及规模优势。此外，先富的群体由于具备较强实力，往往更加受到银行等资本机构的融资支持，杠杆的加入更加凸显了先富人群的优势。如果不调整二元发展结构，不加大二次分配与三次分配的调节作用，那么长此以往，更多的先富人群占据市场、形成寡头垄断地位，进一步加大贫富差距。

　　本书认为要想实现先富带后富，缩小贫富差距并实现共同富裕，不能简单地靠"杀富济贫"式的强取豪夺，更不能搞平均主义与"大锅饭"。应从改变后富地区产业基础、调整后富地区产业结构、先富地区对接帮扶、产业转移等多方面进行。一是改变后富地区产业基础。目前新疆南疆四地州的产业基础主要以第一、第二产业为主，其中农村产业主要以小麦等粮食作物及棉花、核桃、大枣等经济作物为主，且农产品加工力量薄弱，主要以初级产品为主，产品附加值较低，无法形成产业优势。因此在注重农产品品种繁育与实现高产的基础上，要加强农产品生产、销售基础设施建设。二是建设便捷交通网络，实现产业升级，为外来产业转移到南疆四地州提供基础条件。三是匹配产业类型，进行针对性引入，提升本地农产品生产企业的技术水平、人员设备管理水平与盈利水平。

第 8 章

研究结论与展望

缩小贫富间的差距，维护社会公平，促进经济稳定增长，这一直都是政府制定公共政策的重要目标。新疆南疆四地州自然资禀赋先天不足，经济发展长期滞后于新疆总体及全国平均水平，是我国脱贫攻坚时期最难攻克的区域，也是新时期国家实施乡村振兴及共同富裕的巨大挑战地区。摸清新疆南疆四地州发展情况、代际收入传递情况才能够针对性地去"下药"，做到"药到病除"，实现新疆南疆四地州长治久安与可持续发展。

本书首先通过国家统计年鉴数据对新疆总体发展情况进行分析；其次在大量实地调研数据的基础上，建立相应的计量模型，对代际收入流动性进行估计，并从农户家庭父代、子代的人力资本、社会资本、财富资本等三个方面解释代际传递的机制；最后在实证研究的基础上，提出了切实可行的政策建议。

8.1 研究结论

利用实地调研取得的一手数据资料，构建三种模型对社会的代际收入流动性进行了估计，并通过实证分析探讨了代际收入流动的内在传递机制。

本书的主要结论有以下几点：

第一，新疆南疆四地州存在着较为普遍的代际收入传递现象。

第二，以人力资本、社会资本为工具变量进行测算，新疆南疆四地州代际收入弹性为 0.391，采用二阶段回归模型的新疆南疆四地州代际收入弹性为 0.432。这与其他学者关于中国代际收入弹性的测算基本一致。

第三，通过分位数回归发现：一是随着分位数逐渐增大，父代收入对子代的收入的影响呈现先升高、后降低的倒"U"形走势，即不同分位点群体的代际收入弹性系数波动较大，说明群体之间父代收入对子代收入的代际影响程度是不同的。二是在 30 分位点最高，代际收入弹性为 0.48，在 90 分位点时最低，代际收入弹性为 0.31，可以基本判定低收入群体的代际收入流动性更低，代际收入传递更加普遍；高收入群体代际收入流动较高，代际收入弹性较小。三是低收入水平父代迈入中收入水平、中收入水平父代迈入高收入水平时，代际收入传递是上升的且会达到阶段高值。

第四，子代人力资本、社会资本与财富资本在代际收入传递过程中产生显著的中介作用。

第五，构建了提升代际收入流动性的政策体系：一是探索农村发展新模式，提升农户收入。主要建设是实现新疆南疆四地州生态资源资产化，加强农村经济组织建设，实现公司化治理，加强信贷与保险，实现村域经济可融资、有保障，市场化运作，取消低价收购农产品等。二是加大基础教育投资，提升农村儿童向上流动机会。主要通过加快教育制度改革，实现教育机会均等化、优化农村学历结构，提升农村人力资本存量实现。三是加强职业教育及职业技能培训，推动农村富余劳动力转移。四是增加高水平医疗卫生机构，提升农村医疗服务水平。五是加大政府兜底支持力度，提升困难群体社会保障能力。六是加大对口帮扶力度，实现优势资源导入。

通过以上政策快速转变农村现有的产业发展思路与模式，形成农村经济增长与农户收入提升，从而使代际收入传递水平维持在较低水平上。此外，政府应加大教育、医疗保健等基础公共服务，同时完善社会保障制度，特别是提升农村地区老人、儿童等弱势群体的保障力度，确保农村家庭收入的持续增长。

8.2 研究展望

本书对南疆四地州的代际收入流动性进行了较为深入的分析，然而限于变量数据的可获得性与作者的研究水平，依然留下了很多不足，需要在今后的研究中进一步探索。

第一，本书所使用的数据为课题组两年内进行的实地调研数据，收入数据按 2015—2019 年 5 年的平均值，但仍无法涵盖被调查者的全生命周期，估计值将会产生一定程度的偏差，为代际收入弹性系数的测算带来偏误。因此，探索更为合理和科学的方式对劳动者的终生收入进行估算是在今后研究过程中需要努力的方向。

第二，代际收入流动的影响因素复杂多样，既有人力资本、社会资本、财产资本，也有个体的基因和其他非理性因素的作用。探究南疆四地州代际收入传递的内部传导机理，有助于中央和自治区政府针对南疆四地州的实际情况，采取针对性的对策，实现乡村振兴与共同富裕。本书的研究聚焦在家庭内部的人力资本、社会资本和财富资本三个视角，在未来的工作中，还需要进一步探讨与之相关的外部视角下的代际传递机制。

第三，构建提升代际收入流动性的政策体系是一个十分复杂的过程，涉及顶层制度设计、农业产业重构与调整升级，财政政策与税收政策变革等诸多内容，是一个系统性工作。根据本书研究内容，新疆南疆四地州目前代际收入传递路径主要是父代以财富形式直接传递给子代，从而使子代收入的快速增加，因此本书的政策建议聚焦在如何根据南疆四地州的实际情况，探索出一条新型的发展模式。当前关于通过增加农村居民收入而提出的"村域资源要素作价、公司化经营"思路还处于构思阶段，距离落地还有一定距离，这需要在今后的研究中进一步探讨分析。

APPENDIX 附 录

新疆南疆四地州农户调查问卷

A 家庭基本情况

A1 两代基本情况

	1	2	3	4	5	6	7	8	9	10	11	12	13	14	15
代际类别	家庭成员	16岁以上不再上学的人数	是否党员 0=否 1=是	健康状况 1=很好 2=较好 3=一般 4=较差 5=很差	婚姻状况 1=未婚 2=初婚 3=再婚 4=丧偶 5=离婚	出生年月	汉语水平 1=非常好 2=较好 3=一般 4=不好	文化程度【代码1】	不上学的原因【代码2】	职业【代码3】	从事这项职业多久	去过最远的地方 1=本村 2=本乡非本村 3=本县非本乡 4=本省非本县 5=外省	去干什么 1=上学 2=参军 3=工作 4=走亲戚 5=打工 6=看病 7=其他	劳动力最强时候的平均年收入	回忆过去5年家庭平均年收入（30～55岁之间平均家庭年收入）
父代															
子代															

【代码1】1=文盲；2=小学；3=初中；4=高中；5=中专；6=大专（高职）；7=本科；8=硕士及以上。

【代码2】1=交不起学费；2=家里缺少劳动力；3=有就业机会；4=上学无用；5=自己不愿意上；6=成绩不好；7=没考上；8=正常毕业；9=不到入学年龄；10=其他。

【代码3】1=农牧民；2=工人；3=医生、教师；4=警察；5=村干部（书记、主任、会计、妇女主任、联防队员等）；6=学生；7=其他。

A2　家庭基本情况——教育认知

序号	1	2	3	4
代际类别	父代对您的学历期望 【代码1】	接受教育的经费来源 【代码2】	求学时遇到的困难可多选 【代码3】	您愿意为子代教育投入更多吗 1＝愿意；2＝不愿意（说明原因）
父代				
子代				

　　【代码1】1＝小学；2＝初中；3＝高中；4＝中专；5＝大专；6＝大学本科；7＝研究生及以上；8＝无所谓。

　　【代码2】1＝父代工资收入和积蓄；2＝低保费；3＝社会救济；4＝独生子代奖励；5＝七拼八凑借钱；6＝亲友捐赠；7＝减免学费；8＝其他。

　　【代码3】1＝学费太贵负担不起；2＝子代较多，父代选择性支持上学；3＝生活住处附近没有合适学校；4＝将来升学有问题；5＝因病致贫而辍学；6＝其他。

A3　家庭基本情况——收入/支出情况

序号	问题	父代	子代
1	您家的资产组合情况（备注：若父子两代共同生活，填一方即可） 1＝牲畜：种类/数量；2＝农机具：种类/数量；3＝房屋数量：房间数/面积； 4＝其他：种类/数量		
2	您的家庭年收入多少元？（备注：若父子两代共同生活，填一方即可） 2014 年：　　（元） 2015 年：　　（元） 2016 年：　　（元） 2017 年：　　（元） 2018 年：　　（元）		
3	您的个人年收入多少元？ 2014 年：　　（元） 2015 年：　　（元） 2016 年：　　（元） 2017 年：　　（元） 2018 年：　　（元）		
4	您享受了国家哪些补贴政策？ 1＝低保；2＝退耕还林补助；3＝农业补助（包括粮食直补、农机补助等）；4＝五保户补助 5＝特困户；6＝直系亲属抚恤金；7＝救济金、赈灾款（包括实物形式）；8＝其他政府补助		

（续）

序号	问题	父代	子代
5	您/家庭年支出多少？请列出明细（相同家庭代码，询问一个人即可）		
	1＝生产经营费用：机耕费用＿＿＿元、农业用水＿＿＿元、农业用电＿＿＿元、雇佣长短工费用＿＿＿元；	/	/
	2＝生活必需品：服装鞋帽＿＿＿元、食物＿＿＿元、外出交通费＿＿＿元、水电煤费＿＿＿元；	/	/
	3＝支付医疗费：＿＿＿元；	/	/
	4＝子代教育支出：学费＿＿＿元、生活费＿＿＿元；	/	/
	5＝人情往来＿＿＿元；	/	/
	6＝其他支出＿＿＿元（项目及金额）	/	/

A4 家庭基本情况——收入来源

代际类别	1	2	3	4	5	6	7	8	9	10
	种植业	林果业	养殖业	设施农业（蔬菜、瓜果等）	政府补贴、救济	租金（房租、地租、农机具租赁资产性收入）	商店、理发、餐饮等家庭经营性收入	耕地、犁地、播种、收割等技术服务收入	打工收入	其他收入
父代										
子代										

REFERENCES 参考文献

[1] Becker G. S., Tomes N. An Equilibrium Theory of Distribution of Income and Intergenerational Mobility [J]. Journal of Political Economy, 1979, 87 (6): 1153 - 1189.

[2] Becker G. S., Tomes N. Human capital and therise and fall off amilies [J]. Journal of Labor Economics, 1986, 4 (3): 1 - 47.

[3] Solon Gary. Intergenerational income mobility in the United States [J]. American Economic Review, 1992 (82): 393 - 408.

[4] Corak, Patrizio P. "The Intergenerational Transmission of Employers" [J]. Journal of Labor Economics, 2011, 29 (1): 37 - 68.

[5] Bound J., Johnson G. Changes in the Structure of Wages in the 1980's: An Evaluation of Alternative Explanations [J]. American Economic Review, 1992, 82 (3): 371 - 392.

[6] Mayer, Susan E., Lopoo, Leonard M. Government Spending and Intergenerational Mobility [J]. Journal of Public Economics, 2008 (92): 139 - 158.

[7] Galton, Franeis. Hereditary Genius: an Inquiry into its Laws and Consequences [M]. UK: Macmillan and Co, 1869.

[8] Atkinson A., Bourgunon F, Morrisson C. Empirical studies of Earnings Mobility [M]. Harwood Academic Publishers, 1992.

[9] Zimmerman D. J., Regression toward mediocrity in economic stature' American Economic, 1992, 382 (3): 409 - 429.

[10] Eide, E R. and Showalter, M. H: Factors Affecting the Transmission of Earnings across Generations: A Quantile Regression Approach [J]. The Journal of Human Resources, 1999, 34 (2): 253 - 267.

[11] Couch, Kenneth A. and Dean R. Lillard, "Nonlinear patterns of intergenerational mobility in Germany and the United States" in: Generational income mobility in North America and Europe [J]. Cambridge University, 2004 (5): 190 - 206.

[12] 魏颖. 中国代际收入流动性与收入不平等问题研究 [M]. 北京: 中国财政经济出版社, 2009: 88 - 89.

[13] 方鸣, 应瑞瑶. 中国农村居民代际收入流动性研究 [J]. 南京农业大学学报（社会科

学版），2010（2）：14-18.

[14] Bjoklund Jäntti，Markus，Stephen P. Jenkins. Income Mobility [C]. Income Distribu-tion，2015（2）：807-936.

[15] Lefranc A，Alain，T. Intergenerational earnings mobility in France：Is France more mobile than the US [J]. Annales d'Economie et de Statistique，2005（78）：57-77.

[16] Patrizio P. "Comparable Estimates of Intergenerational Income Mobility in Italy，" [J]. The B. E. Journal of Economic Analysis Policy，2007，7（2）：1682-1935.

[17] Cavaglia C. Intergenerational mobility and social networks：theory and evidence [Z]. Unpublished Manuscript.

[18] K. Kamhon，I. Hsin，L. Ruei W. Hua. "Intergenerational Income Mobility in Taiwan：Evidence from Structural Quantile Regression" [J]. The B. E. Journal of Economic Analysis&·Policy，2014，15（1）：257-284.

[19] Dunn C. E. The Intergenerational Transmission of Lifetime Earnings：Evidence from Brazil [J]. Journal of Economic Analysis &· Policy，2007，7（2）：12-21.

[20] Mazumder B. Fortunate Sons：New Estimates of Intergenerational Mobility in the United States Using Social Security Earnings Data [J]. Review of Economics and Statistics，2005（87）：235-255.

[21] Nicoletti C.，J. F. Ermisch. Intergenerational Earnings Mobility：Changes Across Cohorts in Britain [J]. Journal of Economic Analysis &· Policy，2007（7）：70-79.

[22] Grawe N. D. Life Cycle Bias in the Estimation of Intergenerational Earnings Persistence [J]. Labor Economics，2006（13）：551-570.

[23] Haider S.，G. Solon. Life - Cycle Variation in the Association Between Current and Lifetime Earnings [J]. American Economic Review，2006（96）：1308-1320.

[24] 周铮毅，应瑞瑶，徐志刚，孙顶强. 农村家庭贫困的代际传导路径：来自江苏省的经验证据 [J]. 人口与发展，2015（3）：22-24.

[25] 王志章，刘天元. 连片特困地区农村贫困代际传递的内生原因与破解路径 [J]. 农村经济，2016（5）：11-14.

[26] Jantti，Markus，Bernt Bratsberg，Knut Rjaed，Oddbjem Raaum，Robin Naylor，Osterbacka，Eva，Bjorklund Anders and Tor Eriksson. American exceptionalism in a new Light：A comparison of intergenerational earnings mobility in the Nordic countries，the United Kingdom and the United States [R]. Discussion paper no. 1938.（Institute for the Study of Labor（IZA），Bonn）. 2006.

[27] Vogel T. Reassessing Intergenerational Mobility in Germany and the United States：The Impact of Differences in Lifecycle Earnings Patterns [D]. SFB Discussion Paper. Berlin：

Humbolt University，2008.

[28] Lee C. I.，Solon G. Trends in Intergenerational Income Mobility [J]．The Review of Economics and Statistics，2009，91（4）：766－772.

[29] Couch K. A.，Dunn T. A. Intergenerational correlations in labor market status：A comparison of the United States and Germany [J]．Journal of Human Resources，1997，32（1）：210－232.

[30] 何石军，黄桂田．中国社会的代际收入流动性趋势 [J]．金融研究，2013（2）：35－38.

[31] 韩军辉．基于面板数据的代际收入流动研究 [J]．中南财经政法大学学报，2010，181（4）：21－25.

[32] Gong H.，Leigh A.，Meng X. Intergenerational Income Mobility in Urban China [J]．Review of Income and Wealth，2012，58（3）：481－503.

[33] 陈琳，袁志刚．中国代际收入流动性的趋势与内在传递机制 [J]．世界经济，2012（6）：115－131.

[34] 陈杰，苏群，周宁．农村居民代际收入流动性及传递机制分析 [J]．中国农村经济，2016，375（3）：36－53.

[35] Guo C.，Min W. Research on the Relationship Between Education and Intergenerational Income Mobility of Chinese Urban Household [J]．Educational Research，2007，29（6）：3－14.

[36] Sun S.，Huang W.，Hong J. Why Free Labor Migration is So Important? —Based on the Perspective of Intergenerational Income Mobility [J]．Economic Research Journal，2012，58（5）：147－159.

[37] 丁亭亭，王仕睿，于丽．中国城镇代际收入流动实证研究——基于 Jorgenson－Fraumeni 未来终生收入的估算 [J]．经济理论与经济管理，2016，307（7）：83－97.

[38] 郭丛斌，闵维方．中国城镇居民教育与收入代际流动的关系研究 [J]．教育研究，2007（5）：3－14.

[39] Zhang Y.，Eriksson T. Inequality of Opportunity and Income Inequality in Nine Chinese Provinces，1989－2006 [J]．China Economic Review，2010，21（4）：607－616.

[40] 秦雪征．代际流动性及其传导机制研究进展 [J]．经济学动态，2014（9）：115－124.

[41] 唐可月．教育在代际流动机制中的作用分析——基于中国家庭跟踪调查数据（CFPS）的分析 [J]．辽宁大学学报（哲学社会科学版），2019，47（6）：55－66.

[42] 尹恒，李实，邓曲恒．中国城镇个人收入流动性研究 [J]．经济研究，2006（10）：30－43.

[43] 陈琳．中国代际收入流动性的实证研究：经济机制与公共政策 [D]．上海，复旦大

学，2011.

[44] 王学龙，袁易明 . 中国社会代际流动性之变迁：趋势与原因 [J]. 经济研究，2015，50 (9)：58 - 71.

[45] 阳义南 . 社会流动能缩小收入差距吗？——基于中国综合社会调查数据的分析 [J]. 河南师范大学学报 (哲学社会科学版)，2022，49 (6)：73 - 79.

[46] 李力行，周广肃 . 平台经济下的劳动就业和收入分配：变化趋势与政策应对 [J]. 国际经济评论，2022 (2)：46 - 59.

[47] Boggess，S.，Corcoran，M. Jenkins，S. P. Cycles of Disadvantage? [M]. Wellington：Institute of Policy Studies，1999：187 - 189.

[48] Ridge J M. Mobility in Britain reconsidered [M]. Oxfordshire：Clarendon Press，1974：65 - 66.

[49] Harper，C. Marcus，R，Moore，K. Enduring Poverty and the Conditions of Childhood：Life course and Intergenerational Poverty Transmissions [R]. World Development，2003.

[50] Bowles S.，Gintis H.，Osborne M. The Determinants of Earnings：A Behavioral Approach [J]. Journal of Economic Literature，2001，39 (4)：1137 - 1176.

[51] Behrman，J. R. Galianit S. Intergenerational Mobility in Latin America with Comments [J]. Economia，2001，49 (1)：1 - 31.

[52] Keynes J. M. The Economic Consequences of the Peace [M]. London：Macmillan and Co Limited，1920：125 - 127.

[53] Christiaensen L.，Alderman H. Child Malnutrition in Ethiopia：Can Maternal Knowledge Augment the Role of Income? [J]. Economic Development and Cultural Change，2004，52 (2)：287 - 312.

[54] Carol P.，John R.，Simon B. Child health：evidence on the roles of family income and maternal mental health rom a UK birth cohort [J]. Health Economics，2007，16 (11)：1245 - 1269.

[55] Horii R. Sasaki M. Dual Poverty Trap：Intra and Intergenerational Linkages in Frictional Labor Markets [J]. Journal of Public Economic Theory，2012，14 (1)：131 - 160.

[56] 陈卿卿，郑嘉 . 西部地区居民代际收入流动性变迁及传递机制研究 [J]. 统计与管理，2022，37 (8)：111 - 117.

[57] 孙三百，黄薇，洪俊杰 . 劳动力自由迁移为何如此重要？——基于代际收入流动的视角 [J]. 经济研究，2012，47 (5)：147 - 159.

[58] 徐晓红，焦杰 . 农村居民贫困代际传递变动趋势研究 [J]. 河北大学学报 (哲学社会科学版)，2019，44 (5)：124 - 132.

[59] 赵昕东，侯凌毅．公共教育水平的提升如何增强代际收入流动性——基于 CFPS 和 CHFS 数据的实证分析 [J]．宏观经济研究，2023 (3)：104 - 116.

[60] 睢党臣，李清明，陈旭东．教育差距对城乡代际收入流动性影响的实证研究 [J]．教育理论与实践，2021，41 (1)：17 - 23.

[61] 龙翠红，王潇．中国代际收入流动性及传递机制研究 [J]．华东师范大学学报（哲学社会科学版），2014 (5)：15 - 17.

[62] 杨新铭，邓曲恒．城镇居民收入代际传递现象及其形成机制——基于 2008 年天津调查数据的实证分析 [J]．财贸经济，2016 (11)：47 - 61.

[63] 陈杰，向晶．社会分层与农村代际收入流动性别差异研究 [J]．甘肃社会科学，2022 (6)：218 - 228.

[64] 姚先国，赵丽秋．中国代际收入流动与传递路径研究：1989—2000 [C]．中国经济学年会论，2006.

[65] 张君慧，陈正康，马恒运等．社会资本如何影响农村居民代际收入流动性——基于 CHIP 数据的实证研究 [J]．科学决策，2022 (2)：53 - 67.

[66] 陈琳．人力资本与经济增长——基于江苏省的实证分析 [J]．经济研究导刊，2012 (33)：129 - 130.

[67] 朱玲，何伟．脱贫农户的社会流动与城乡公共服务 [J]．经济研究，2022，57 (3)：25 - 48.

[68] 韩春，陈元福，李晓鹏．德国劳资共决制对中国建构和谐劳动关系的启示 [J]．学理论，2013 (21)：98 - 101.

[69] 陈建东，杨雯，冯瑛．最低生活保障与个人所得税的收入分配效应实证研究 [J]．经济体制改革，2011 (1)：101 - 105.

[70] 郑功成．中国社会保障改革与发展战略 [M]．北京：人民出版社，2011：75 - 76.

[71] 钟仁耀．支出型社会救助的理论分析 [N]．中国社会报，2013 - 10 - 21.

[72] 魏众，吴桂英．为什么中国农村人口贫富不同？ [J]．世界经济文汇，2002 (3)：10 - 13.

[73] 张美涛．对贵州农村扶贫工作的分析与思考 [J]．贵州社会科学，2008 (8)：111 - 113.

[74] 李坪．新疆南疆地区农村居民家庭贫困脆弱性研究 [D]．乌鲁木齐：新疆农业大学，2016.

[75] Drik Vande Gaer, Erik Schokkaert E., M. Martinez. Three meaning so finter generation-almobility [J]. Economic, 2001 (68)：519 - 537.

[76] Schultz, T. P. Tansel, A. "Wage and labor supply effects of illness in Coted Ivoire and Ghana：Instmmental variable estimates for days disabled" [J]. Journal of development

economics，1997，3（2）：251－286.

［77］李建民，张士斌. 农村人力资本投资和社会主义新农村建设［J］. 河北大学学报（哲学社会科学版），2007（3）：74－78.

［78］彼蒂里姆·索罗金（Pitirim A. Sorokin），顾大僖. 译［J］. 现代外国哲学社会科学文摘，1982（11）：53－54.

［79］李路路，朱斌. 当代中国的代际流动模式及其变迁［J］. 中国社会科学，2015（5）：40－58，204.

［80］Blaug M. The Empirical Status of Human Capital Theory：A Slightly Jaundiced Survey［J］. Journal of Economic Literature，1976，14（3）：827－855.

［81］Nelson R R. A Theory of the Low－Level Equilibrium Trapin Underdeveloped Economies［J］. China Labor Economics，1956，46（5）：894－908.

［82］Myrdal G. Beyond the Welfare State：Economic Planning and Its International Implications［J］. Administrative Science Quarterly，1957，6（1）.

［83］Moaz Y.，Moav O. Intergenerational Mobility and the Process of Development［J］. Economic Journal，1999，109（458）：677－697.

［84］Nakamura T.，Murayama Y. Education Cost，Intergenerational Mobility，and Income Inequality［J］. Economic Letters，2011，112（3）：266－269

［85］Akbulut M.，Kugler A. D. Intergenerational Transmission of Health Status in the U. S. Among Natives and Immigrants. Mimeo［D］. University of Houston，2007.

［86］Eriksson T.，Bratsberg B.，Raaum O. Earnings Persistence Across Generations：Transmission Through health？［D］. Oslo，Oslo University，2005.

［87］Currie J.，Moretti E. Biology as Destiny？Short and Long－run Determinants of Intergenerational Transmission of Birth Weight［J］. Journal of Labor Economics，2007，25（2）：231－264.

［88］Loureiro M.，Sanz－de－Galdeano A.，Vuri D. Smoking Habits：Like Fathers，Like Son，Like Mother，Like Daughter［J］. Oxford Bulletin of Economics and Statistics，2010，72（6）：717－743.

［89］Jacobos，Jane. The Death and Life of Great American Cities［M］. New York：Random House，1961.

［90］Coleman，James S.，Commentary：Social Institutions and Social Theory［J］. American Sociological Review，1990，55（3）：333.

［91］Burt R. S.，The Continent Value of Social Capital［J］. Administrative Science Quarterly，1997，42（2）：339－365.

［92］王晶. 农村市场化、社会资本与农民家庭收入机制［J］. 社会学研究，2013，28（3）：

119 - 144.

[93] 林南. 社会资本：关于社会结构与行动的理论 [M]. 上海：上海人民出版社，2005：76 - 78.

[94] 边燕杰. 城市居民社会资本的来源及作用：网络观点与调查发现 [J]. 中国社会科学，2004 (3)：136 - 146.

[95] 张昭时，钱雪亚. 城乡分割、工资差异与就业机会不平等——基于五省城镇住户调查数据的经验研究 [J]. 中国人口科学，2011 (3)：34 - 41.

[96] Piketty, Thomas. Theories of Persistent Inequality and Intergenerational Mobility [J]. Handbook of Income Distribution, 2000 (1)：429 - 476.

[97] Piketty Thomas. Capital in the twenty - first century：a multidimensional approach to the history of capital and social classes [J]. The British journal of sociology, 2014, 65 (4)：28 - 36.

[98] 李实，佐藤宏，史泰丽. 中国收入差距变动分析——中国居民收入分配研究Ⅳ [M]. 北京：人民出版社，2013：105 - 113.

[99] 袁磊，刘壮. 城镇化促进农民增收路径研究 [J]. 山东农业大学学报（社会科学版），2016，18 (4)：36 - 40.

[100] Sabirianova Peter K., Buttrick S., Duncan D. Global Reform of Personal Income Taxation, 1981 - 2005：Evidence from 189 Countries [J]. National Tax Journal, 2010, 63 (3)：447 - 478.

[101] John, R·Logan，边燕杰，关颖，卢汉龙，潘允康. 'Work Units' and the Commodification of Housing：Observations on the Transition to a Market Economy with Chinese Characteristics [J]. Social Sciences in China, 1997 (4)：28 - 35.

[102] 李辉文，张质. 教育、社会资本与个人收入——来自 CHIPS 数据的经验证据 [J]. 湘潭大学学报（哲学社会科学版），2015，39 (1)：50 - 54.

[103] 李春玲. 当代中国社会的声望分层——职业声望与社会经济地位指数测量 [J]. 社会学研究，2005 (2)：74 - 102.

[104] 周广肃，樊纲，申广军. 收入差距、社会资本与健康水平——基于中国家庭追踪调查（CFPS）的实证分析 [J]. 管理世界，2014 (7)：12 - 21，51，187.

[105] 陈琳. 促进代际收入流动：我们需要怎样的公共教育——基于 CHNS 和 CFPS 数据的实证分析 [J]. 中南财经政法大学学报，2015 (3)：27 - 33.

[106] 曹仪. 中国代际收入流动及其影响机制研究 [D]. 长沙，湖南师范大学，2020.

[107] Atkinson A B. On Intergenerational Income Mobility in Britain [J]. Journal of Post Keynesian Economics, 1981, 3 (2)：383 - 388.

[108] Sacerdote B. How Large are the Effects from Changes in Family Environment? A Study

of Korean American AdoPtees [J]. The Quarterly Journal of Economies，2007（2）：119－157.

[109] Black，S. E. and P. J. Devereux. Recent Developments in Intergenerational Mobility [M]. in Orley Ashen felter and David Card，Handbook of Labor Economics，VolumeIV. Amsterdam：North－Holland，2011，4（12）：1487－1541.

[110] Pul，M. S.，John C. Eigenvalue immobility measures for Markov chains [J]. Journal of Mathematical Sociology，1978，6（2）：253－276.

[111] JilkováP. Human Capital Theory in Connection with the Private and Public Rate of Return [J]. Ekonomika A Management，2016（6）：55－64.

[112] Myrdal G. Asian Drama. An Inquiry into the Poverty of Nations. [J]. American Journal of Sociology，1968，33（4）：654.

[113] 周广肃，丁相元，张维昊. 最低工资标准、居民收入不平等与共同富裕——基于 CFPS 面板数据的分析 [J]. 经济问题探索，2023（10）：31－47.

[114] Hammarstedt M，Palme M. Human capital transmission and the eamings of second－generation immigrants in Sweden [J]. Iza Journal of Migration，2012，l（1）：4－18.

[115] Clark. Kauffman E.，Duncan G. J.，Morris P. How welfare policies affect child and adolescent achievement [J]. American Economic Review，2003（93）：299－303.

[116] Oreopoulos，R，Page，M. and Stevens，A. H. The Intergenerational Effects of Worker Displacement [J]. Journal of Labor Economics，2008（26）：455－483.

[117] 卓玛草，孔祥利. 农民工代际职业流动：代际差异与代际传递的双重嵌套 [J]. 财经科学，2016（6）：84－96.

[118] Bjorklund A.，Jantti M.，Intergenerational Income Mobility in Sweden Compared to the United States，The American Economic Review，2006，87（5）：132.

[119] Mocetti S. Intergenerational Earnings Mobility in Italy [J]. The B. E. Journal of Economic Analysis&Policy，2007，7（2）.

[120] 卢盛峰. 转型期中国财政再分配效应研究 [D]. 武汉：武汉大学，2013.

[121] 陈荣卓，翁俊芳. 深度贫困地区农村社区治理的逻辑策略与经验启示——以云南省怒江州为例 [J]. 中国矿业大学学报（社会科学版），2019，21（2）：59－69.

[122] 许彩玲，游志杰. 我国深度贫困地区的致贫原因及扶贫长效机制的构建 [J]. 发展研究，2019，390（2）：87－92.

[123] 吴乐. 深度贫困地区脱贫机制构建与路径选择 [J]. 中国软科学，2018（7）：63－70.

[124] 王萍萍，方湖柳. 中国贫困标准与国际贫困标准的比较 [J]. 中国农村经济，2006（12）：32－40.

[125] 黄国勇. 新疆农村贫困问题：结构特征、演变趋势及影响因素研究 [D]. 乌鲁木齐：

新疆农业大学，2014.

［126］朱舟. 新中国产业结构调整的回顾与展望［J］. 财经研究，1999（10）：25 - 31.

［127］王海港. 中国居民收入分配的代际流动［J］. 经济科学，2005（2）：18 - 25.

［128］Strulik H. Demographic transition，stagnation and demoeconomic cycles in a model for the less developed economy［J］. Journal of Macro economics，1999，21（2）：397 - 413.

［129］Paper CW. The Role of Capital Accumulation，Adjustment and Structural Change for Economic Take - Off：Empirical Evidence from African Growth Episodes［J］. World Development，2001，29（2）：323 - 343.

［130］Couch，Kenneth A. and Dean R. Lillard，"Nonlinear patterns of intergenerational mobility in Germany and the United States" in：Generational income mobility in North America and Europe［J］. Cambridge University，2004，12（5）：190 - 206.

［131］Bohlmark A.，M. J. Lindquist. Life - Cycle Variations in the Association Between Current and Lifetime Income：Replication and Extension for Sweden［J］. Journal of Labor Economics，2006（24）：878 - 896.

［132］Becker G. S. Human capital：A Theoretical and Empirical Analysis with Special Reference to Education［M］. University of Chicago Press，1993：112 - 117.

［133］Yao X.，ZhaoL.. Intergenerational Income Mobility and the Channels of Intergenerational Transmission in China：1989—2000［R］. LEPP working paper，2007.

［134］Blumenthal D.，Hsiao W. Privatization and Its Discontents—The Evolving Chinese Health Care System［J］. New England Journal of Medicine，2005（353）：1165 - 1170.

［135］Liu J. Expansion of Higher Education in China and Inequality in Entrance Opportunities：1978 - 2003［J］. Society，2006，26（3）：158 - 209.

［136］Loury，G. C. Intergenerational transfers and the distribution of earnings［J］. Econometrica：Journal of the Econometric Society，1981，21（7）：843 - 867.

［137］Lucas，Robert E. B.，Kerr S. P. International Income Immobility in Finland：Contrasting Roles for Parental Earnings and family Income［J］. Journal of Population Economics，2013（26）：1057 - 1094.

［138］Restuccia D.，Urrutia C. Intergenerational Persistence of Earnings：The Role of Early and College Education［J］. American Economic Review，2004，94（5）：1354 - 1378.

［139］Portes A. Social Capital：Its Origins and Applications in Modern Sociology［J］. Annual Review of Sociology，1998（24）：1 - 24.

［140］Lin Nan. A Theory of Social Structure and Action［M］. Cambridge University Press，

2001：78－81.

[141] Loury G. A Dynamic Theory of Racial Income Differences [J]. Women，Minorities，and Employment Discrimination，1977，16 (9)：153－186.

[142] Granovetter M. The Sociological and Economic Approaches to Labor Market Analysis：A Social Structural View [J]. Journal of Economic Sociology，2011 (12)：49－60.

[143] Loury G. Intergenerational Transfers and the Distribution of Earnings [J]. Econometrica，1981，49 (4)：843－867.

[144] Knight，John，Linda Yueh. The Role of Social Capital in the Labor Market in China. Department of Economics Discussion Paper [D]. Oxfordshire，University，2002.

[145] Zhang Shuang，Ming Lu，Yuan Zhang. Does the Effect of Social Capital on Poverty Reduction Fall or Rise During Marketization? Evidence from Rural China [J]. China Economic Quarterly，2007 (2)：539－560.

[146] Peng Yusheng. Kinship Networks and Entrepreneurs in China's Transitional Economy [J]. The American Journal of Sociology，2004，109 (5)：1045－1074.

[147] 周兴，张鹏. 代际间的职业流动与收入流动——来自中国城乡家庭的经验研究 [J]. 经济学季刊，2015，14 (1)：351－371.

[148] Kryshtanovskaya O. V. Transformation of the Old Nomenklatura into a New Russian Elite [J]. Sociological Research，1995，34 (6)：6－26

[149] 木志荣. 国外创业研究综述及分析 [J]. 中国经济问题，2007 (6)：53－62.

[150] 李雪莲. 协调多方发展要素实现农村经济和谐发展 [J]. 吉林农业，2015 (5)：73－82.

[151] 苗欣，吴一平. 中国农村贫困户劳动力转移的减贫效应分析——基于河南省 12 个贫困县 1 211 份调查数据 [J]. 河南大学学报 (社会科学版)，2021，61 (3)：43－50.

[152] 李宏彬，孟岭生，施新政等. 父代的政治资本如何影响大学生在劳动力市场中的表现? ——基于中国高校应届毕业生就业调查的经验研究 [J]. 经济学 (季刊)，2012，11 (3)：208－223.

[153] 胡咏梅，李佳丽. 父代的政治资本对大学毕业生收入有影响吗? [J]. 教育与经济，2014 (1)：22－30.

[154] 谭远发. 父代政治资本如何影响子代工资溢价："拼爹"还是"拼搏"? [J]. 管理世界，2015 (3)：22－33.

[155] 樊平. 社会流动与社会资本——当代中国社会阶层分化的路径分析 [J]. 江苏社会科学，2004 (1)：28－35.

[156] 周晔馨. 社会资本是穷人的资本吗? ——基于中国农户收入的经验证据 [J]. 管理世界，2012 (7)：83－95.

［157］ Roine，Jesper，Daniel Waldenström. Income Mobility ［J］. Handbook of Income Distribution，2015（2）：469 - 592.

［158］刘建和，胡跃峰. 基于家庭金融性资产与借贷规模的居民收入代际传递研究 ［J］. 海南金融，2014（3）：4 - 9.

［159］赵人伟，李实. 中国居民收入差距的扩大及其原因 ［J］. 经济研究，1997（9）：19 - 28.

［160］万海远，李实. 户籍歧视对城乡收入差距的影响 ［J］. 经济研究，2013，48（9）：43 - 55.

［161］Currie J.，Inequality at Birth：Some Causes and Consequences ［J］. American Economic Review，2011（101）：1 - 22.

［162］Borjas G. J. To Ghetto or Not to Ghetto：Ethnicity and Residential Segregation ［J］. Journal of Urban Economics，1998，44（2）：228 - 253.

［163］Sampson R. J. Great American City：Chicago and the Enduring Neighborhood Effect ［M］. Chicago，University of Chicago Press，2012：215 - 217.

［164］王军鹏. 论人力资源绩效管理在当代企业中的重要性体会 ［J］. 今日财富，2018（4）：152 - 153.

［165］周东洋，吴愈晓. 教育竞争和参照群体——课外补习流行现象的一个社会学解释 ［J］. 南京师大学报（社会科学版），2018（5）：84 - 97.

［166］孙力强，李国武. 社会组织从业青年的职业流动意愿及其影响因素——基于北京市的调查研究 ［J］. 中国青年研究，2018（9）：78 - 84，18.

［167］Durlauf S. N. Groups，Social Influence and Inequality：A Memberships Theory Perspective on Poverty Traps ［J］. Working papers from Wisconsin Madison - Social Systems，2002（18）：120 - 142.

［168］Chetty R.，Grusky D.，Hell M.，Hendren N.，Manduca R.，Narang J. The Fading American Dream：Trends in Absolute Income Mobility Since 1940 ［J］. Science，2017（356）：398 - 406.

［169］Heckman，James J.，Jora Stixrud，Sergio Urzua. The Efeect of Cognitive and Noncognitive Abilities on Labor Market Outcomes and Social Behavior ［J］. Journal of Labor Economics，2006，24（3）：411 - 482.

［170］韩春. 中国农村贫困代际传递问题根源探究 ［J］. 经济研究导刊，2010（16）：46 - 48.

［171］杨海霞. 减贫合作促进民心相通——专访中国国际扶贫中心副主任谭卫平 ［J］. 中国投资，2018（9）：94 - 97.

［172］牛宁宁. 共享发展理念视角下教育精准扶贫的路径研究 ［J］. 长沙民政职业技术学院

学报，2018，25（4）：14-18.

[173] Bourdieu. The Forms of Capital，In J. G. Richardson，Handbook of Theory and Research for The Sociology of Education [M]. New York Greedwood. 1986.

[174] 曾爱青，刘智勇. 人力资本产权所有者应享有公司所有权 [J]. 商业研究，2003（23）：51-52.

[175] Ellis H S.，Nurkse R.，Haberler G. Equilibrium and Growth in the World Economy：Economic Essays [J]. Review of Economics and Statistics，1962，44（4）：503.

[176] Currie，Lauch lin. The "Leading sector" Model of Growth Indeveloping Countries [J]. Journal of Economic Studies，1974（1）：1-16.

[177] 吴理财. "贫困"的经济学分析及其分析的贫困 [J]. 经济评论，2001（4）：3-9.

[178] 原华荣. 中国生态、环境"局部改善，总体恶化"困境的症结和走出 [J]. 西北人，2016，37（1）：26-31.

[179] 郭来喜，姜德华. 中国贫困地区环境类型研究 [J]. 地理研究，1995（2）：1-7.

[180] 张庆红，阿迪力·努尔. 新疆南疆三地州农村多维贫困程度及特征分析 [J]. 干旱区资源与环境，2015，29（11）：32-36.

[181] 阿马蒂亚·森. 贫困与饥荒——论权利与剥夺 [M]. 王宇，王文玉，译. 北京：商务印书馆，2009：335-338.

[182] 魏众. 中国转型时期的贫困变动分析 [J]. 经济研究，1998（11）：65-69.

[183] 李实. 中国农村劳动力流动与收入增长和分配 [J]. 中国社会科学，1999（2）：16-33.

[184] 邹薇，方迎风. 关于中国贫困的动态多维度研究 [J]. 中国人口科学，2011（6）：49-59.

[185] 高艳云. 中国城乡多维贫困的测度及比较 [J]. 统计研究，2012（11）：61-66.

[186] 王小林. 中国多维贫困测量：估计和政策含义 [J]. 中国农村经济，2009（12）：4-10.

[187] 章元，万广华，史清华. 中国农村的暂时性贫困是否真的更严重 [J]. 世界经济，2012，35（1）：144-160.

[188] Blanden J.，Gregg P.，Macmillan L. Accounting for Intergenerational Income Persistence：Noncognitive Skills，Ability and Education [J]. The Economic Journal，2007，117（519）：43-50.

[189] 张立冬. 中国农村贫困代际传递实证研究 [J]. 中国人口·资源与环境，2013（6）：22-23.

[190] 杨阿维，张建伟. 西藏农牧区贫困代际传递问题研究 [J]. 西藏大学学报（社会科学版），2016（1）：17-19.

[191] Blanden J., Goodman A., Gregg P., Maehin S. Changes in Intergenerational mobility in Britain [M]. Generational Income Mobility in North America and Europe' Cambridge University Press, 2000.

[192] 黄潇. 金融排斥对农户收入的影响——基于 PSM 方法的经验分析 [J]. 技术经济, 2014, 33 (7): 120-129.

[193] 谷敏. 论中国城镇居民收入代际流动的变动趋势 [J]. 经济师, 2011 (11): 39-40.

[194] Lee, L. F. Health and wage: A simultaneous equation model with multiple discrete indicators [J]. International Economic Review, 1982, 23 (1): 199-221.

[195] Guryan J, Hurst E. Kearney M. Parental education and parental time with children [J]. Journal of Economic Perspectives, 2008, 22 (3): 23-46.

[196] Climent, Domenech. Human capital inequality, life expectancy and economic growth [J]. The Economic Journal, 2008, 118 (4): 653-677.

[197] Currie J., Moretti E. Mother's education and the intergenerational transmission of human capital: Evidence from college openings [J]. Quarterly Journal of Economics, 2003, 118 (4): 1495-1532.

[198] 徐俊武, 张月. 子代受教育程度是如何影响代际收入流动性的? ——基于中国家庭收入调查的经验分析 [J]. 上海经济研究, 2015 (10): 121-128.

[199] Duncan TE, Duncan SC. Latent variable modeling of longitudinal and multilevel alcohol use data [J]. Stud Alcohol, 1998 (59): 399-408.

[200] Morris P., Michalopoulos C. Findings from the Self Sufficiency Project: Effects on children and adolescents of a program that increased employment and income [J]. Applied Developmental Psychology, 2004 (24): 201-239.

[201] Dahl Gordon B., and Lance Lochner. The Impact of Family Income on Child Achievement: Evidence from the Earned Income Tax Credit: Dataset [J]. American Economic Review, 2012, 12 (6): 156-176.

[202] 周群力, 陆铭. 拜年与择校 [J]. 世界经济文汇, 2009 (6): 19-34.

[203] 都阳, John Giles. 城市劳动力市场上的就业冲击对家庭教育决策的影响 [J]. 经济研究, 2006 (4): 58-67.

[204] 李雅楠. 家庭收入是否影响子代教育水平——基于 CHNS 数据的实证研究 [J]. 南方人口, 2012, (4): 46-53.

[205] Atkinson A B. Social Justice and Public Policy [M]. Cambridge, Mass: MIT Press, 1983.

[206] Li B, Walder A. Career Advancement as Party Patronage: Sponsored Mobility into the Chinese Administrative Elite, 1949-1996 [J]. American Journal of Sociology, 2001,

106（5）：1371-1408.

[207] 陈钊，陆铭，佐藤宏．谁进入了高收入行业——关系、户籍与生产率的作用 [J]．经济研究，2009（10）：121-132.

[208] 邢春冰．中国农村非农就业机会的代际流动 [J]．经济研究，2006（9）：103-116.

[209] 何石军，黄桂田．中国社会的代际收入流动性趋势 [J]．金融研究，2013（2）：32-36.

[210] 邸玉娜．代际流动、教育收益与机会平等——基于微观调查数据的研究 [J]．经济科学，2014（1）：65-74.

[211] 周兴，张鹏．代际间的收入流动及其对居民收入差距的影响 [J]．中国人口科学，2013（5）：50-59.

[212] 邵宜航，张朝阳．关系社会资本与代际职业流动 [J]．经济学动态，2016（6）：37-49.

[213] 杨瑞龙，王宇峰，刘和旺．父亲政治身份、政治关系和子代收入 [J]．经济学（季刊），2010，9（3）：871-890.

[214] 王倩．社会资本和家庭背景对收入差距影响的实证分析 [J]．经济与管理研究，2013（6）：67-75.

[215] 叶晓阳．"以权择校"：父代政治资本与子代择校 [J]．世界经济文汇，2012（4）：52-73.

[216] Harper C，Marcus R，Moore K. Enduring Poverty and the Conditions of Childhood：Life course and Intergenerational Poverty Transmissions [J]．World Development，2003，56（7）：192-212.

[217] 高培勇．中国税收持续高速增长之谜 [J]．经济研究，2006（12）：13-23.

[218] Aizer，Anna，Shari Eli，Joseph Ferrie，Adriana Lleras-Muney. The Long-Run Impact of Cash Transfers to Poor Families [J]．American Economic Review，2016，106（4）：935-971.

[219] Michelmore K.，Bastian J. The Long-Term Impact of the Earned Income Tax Credit on Children's Education and Employment Outcomes [J]．Journal of Labor Economics，2018，36（4）：39-54.

[220] Dahl，Gordon B，Lance Lochner. The Impact of Family Income on Child Achievement：Evidence from the Earned Income Tax Credit [J]．American Economic Review，2012，102（5）：1927—1956.

[221] Aakvik，Arild，Kjell G.，Salvanes，Kjell Vaage. Measuring Heterogeneity in the Returns to Education Using an Education Reform [J]．European Economic Review，2010，54（4）：483-500.

[222] Maoz Y. D.，Moav O. Intergenerational Mobility and the Process of Development [J]. Economic Journal，1999，109（458）：677 - 697.

[223] Becker G. S.，Kominers S. D.，Murphy K M. A Theory of Intergenerational Mobility [J]. Journal of Political Economy，2018，126（1）：7 - 25.

[224] Heckman J. J.，Mosso S. The Economics of Human Development and Social Mobility [J]. Annual Review of Economics，2014，6（1）：689 - 733.

[225] Lustig N. Fiscal Policy，Income Redistribution and Poverty Reduction in Low and Middle Income Countries [J]. Ssrn Electronic Journal，2017，32（15）：21 - 45.

[226] Bastagli，Francesca，David Coady，Sanjeev Gupta. Fiscal Redistribution in Developing Countries：Policy Issues and Options [J]. Inequality and Fiscal Policy，2015，19（10）：57 - 76.

[227] Erosa A.，Koreshkova T. Progressive Taxation in a Dynastic Model of Human Capital [J]. Journal of Monetary Economics，2007，54（3）：667 - 685.

[228] Piketty T.，Saez E.，Stantcheva S. Optimal Taxation of Top Labor Incomes：A Tale of Three Elasticities [R]. Cepr Discussion Papers，2014.

[229] Martine Guerguil. Public Expenditure Reform：Making Difficult Choices [C]. International Monetary Fund，2014.

[230] François Bourguignon. The Globalization of Inequality [J]. Economics Books，2015，1（3）：1845 - 1881.

[231] 牟欣欣. 中国公共教育支出对代际收入流动性的影响研究 [D]. 沈阳：辽宁大学，2018.

[232] 聂海峰，岳希明. 间接税归宿对城乡居民收入分配影响研究 [J]. 经济学（季刊），2012，12（1）：287 - 312.

[233] 吕冰洋，李峰. 中国税收超 GDP 增长之谜的实证解释 [J]. 财贸经济，2007（3）：29 - 36.

[234] 孔令帅. 教育均衡发展与政府责任——试论印度政府在基础教育均衡发展中的作用 [J]. 比较教育研究，2010，32（5）：48 - 52.

[235] 刘生龙. 教育和经验对中国居民收入的影响——基于分位数回归和审查分位数回归的实证研究 [J]. 数量经济技术经济研究，2008（4）：75 - 85.

[236] 简必希，宁光杰. 教育异质性回报的对比研究 [J]. 经济研究，2013，48（2）：83 - 95.

[237] 邹薇，程波. 中国教育贫困"不降反升"现象研究 [J]. 中国人口科学，2017（5）：12 - 28.

[238] 赵阔，张晓京. 改革开放 40 年我国教育扶贫政策变迁及其经验 [J]. 中国人民大学

教育学刊, 2019 (1): 16 - 30.

[239] 郭庆旺, 贾俊雪. 公共教育政策、经济增长与人力资本溢价 [J]. 经济研究, 2009 (10): 23 - 36.

[240] 雷欣, 程可, 陈继勇. 收入不平等与经济增长关系的再检验 [J]. 世界经济, 2017, 40 (3): 26 - 51.

[241] 陈晓东, 张卫东. 机会不平等与社会流动预期研究——基于 CGSS 数据的经验分析 [J]. 财经研究, 2018, 44 (5): 48 - 60.

[242] 黄春华. 中国机会不平等、经济增长与教育作用 [D]. 武汉: 华中科技大学, 2016.

[243] 龚锋, 李智, 雷欣. 努力对机会不平等的影响: 测度与比较 [J]. 经济研究, 2017, 52 (3): 76 - 90.

[244] Becker, Gary S., Nigel Tomes. An Equilibrium Theory of Distribution of Income and Intergenerational Mobility [J]. Journal of Political Economy, 1979 (87): 1153 - 1189.

[245] Pekkala, Sari, Lueas, Robert E. B. Differences across Cohorts in Finnish Intergenerational Income Mobility [J]. Industrial Relations, 2007 (46): 81 - 111.

[246] Couch K. A., Dunn T. A. Intergenerational correlations in labor market status: A comparison of the United States and Gemany [J]. Journal of Human Resources, 1997, 32 (1): 210 - 232.

[247] 陈琳. 中国城镇代际收入弹性研究: 测量误差的纠正和收入影响的识别 [J]. 经济学 (季刊), 2018, 15 (1): 33 - 52.

[248] 韩喜平, 杨春辉. 职业代际流动、社会融合与共同富裕 [J]. 社会科学辑刊, 2023 (3): 92 - 102, 238.

[249] 赵立业, 吴卫星. 数字普惠金融发展能促进代际收入流动吗? [J]. 财经问题研究, 2023 (5): 64 - 75.

[250] 王元超. 中国代际流动的地区差异与形成机制——基于空间分析技术的实证研究 [J]. 社会学研究, 2023, 38 (2): 204 - 225, 230.

[251] 李文华, 张务农. 教育代际流动: 理论、逻辑及实践转向 [J]. 重庆师范大学学报 (社会科学版), 2023, 43 (1): 52 - 59.

[252] 周伟, 马洪茹. 教育代际流动对子代主观幸福感的影响——基于 CGSS2017 的实证研究 [J]. 重庆交通大学学报 (社会科学版), 2023, 23 (1): 77 - 85.

[253] 范绍丰. 社会保险如何影响代际收入流动 [J]. 财经问题研究, 2023 (2): 65 - 78.

[254] 卢冲, 张吉鹏. 搬迁扶贫对代际流动的长期影响 [J]. 经济学 (季刊), 2023, 23 (1): 18 - 36.

[255] 胡尊国, 刘婉婷, 彭新宇. 人口迁移与经济发展的空间分化——基于人力资本积累视

角 [J]. 中国软科学, 2023 (1): 105 - 113.

[256] 蔡弘, 陈雨蒙, 马芒. "乡—城流动人口" 留城意愿代际比较研究——基于社会资本视角 [J]. 城市发展研究, 2022, 29 (12): 28 - 34.

[257] 周华东, 钱金, 高玲玲. 社会网络与教育代际流动——基于 CFPS 的实证分析 [J]. 调研世界, 2022 (12): 33 - 41.

[258] 赵媛, 唐安琪, 吴沁宇. 家庭资本对我国教育代际流动性别差异的影响——基于 CGSS2017 年数据 [J]. 江苏高教, 2022 (12): 82 - 89.

[259] 张山. 财政高中教育支出对代际收入流动的影响 [J]. 经济问题, 2022 (12): 73 - 80.

[260] 代春霞, 刘涛. 农村家庭职业地位代际流动: 典型事实与实证检验 [J]. 河南社会科学, 2022, 30 (9): 1 - 14.

[261] 魏浩, 杨明明, 李实. 共同富裕、贸易开放与中国的代际收入流动性 [J]. 金融研究, 2022 (8): 74 - 93.

[262] 赖德胜. 提升代际流动推动共同富裕——评《中国城乡居民代际收入流动性研究》 [J]. 财贸研究, 2022, 33 (8): 110.

[263] 霍雨佳, 王昭. 共同富裕视域下农村教育机会性别差异的路径研究——来自 CFPS 的证据 [J]. 经济问题探索, 2022 (8): 75 - 93.

[264] 胡霞, 李文杰. 中国代际收入流动: 城乡差异及其时间趋势 [J]. 中国农村经济, 2022 (6): 88 - 106.

[265] 张延吉, 唐杰, 王洁晶. 中国城镇居民代际流动的地区差异和理论解释 [J]. 社会学评论, 2022, 10 (3): 199 - 219.

[266] 靳振忠, 李子联, 严斌剑. 地区代际流动与家庭人力资本投资——来自中小学阶段家庭校外教育支出的证据 [J]. 经济评论, 2022 (3): 72 - 90.

[267] 马欢. 政治资本、子代教育对我国农村居民代际流动的影响研究 [D]. 海口: 海南大学, 2022.

[268] 刘李华, 孙早. 中国居民代际收入流动性的水平、来源与潜力测算——来自 CGSS 和 CHIP 的经验证据 [J]. 南开经济研究, 2022 (4): 22 - 42.

[269] 牟欣欣, 杨博文, 张大为. 城镇化与代际收入流动: 微观证据与机制分析 [J]. 统计与决策, 2022, 38 (7): 52 - 56.

[270] 郭胜男. 斩断贫困代际传递, 实现长久脱贫——基于代际收入流动视角 [J]. 河南工程学院学报 (社会科学版), 2022, 37 (1): 23 - 28.

[271] 潘艺林, 吴春燕, 刘金典. 教育代际传递与社会分层——来自中国综合社会调查的经验证据 [J]. 中国经济问题, 2022 (2): 88 - 104.

[272] 袁青青, 刘泽云. 教育在代际收入流动中的作用——基于中介效应分析的研究 [J].

教育经济评论，2022，7（1）：3-22.

[273] 马熠辉. 彝族地区贫困家庭教育投资对子代代际流动的影响研究 [J]. 西部发展研究，2021（1）：71-88.

[274] 于莉，曹丽莉，于美钰. 超大城市农业人口社会经济地位的代际流动及影响机制——基于 CGSS 数据的分层线性分析 [J]. 城市问题，2021（10）：15-28.

[275] 彭骏，赵西亮. 教育政策能促进农村教育代际流动吗？——基于中国微观调查数据的实证分析 [J]. 教育与经济，2021，37（5）：20-31.

[276] 朱红根，宋成校. 农村家庭劳动力职业代际流动性测度及驱动因素分析——基于家庭农场的实证研究 [J]. 改革，2021（11）：141-155.

[277] 许长青，梅国帅，周丽萍. 中国代际收入流动性及其教育的作用：变化趋势与政策取向 [J]. 中国人民大学教育学刊，2021（3）：134-155.

[278] 苏宇楠，许发明. 代际收入传递机制及破解贫困路径研究 [J]. 统计与信息论坛，2021，36（8）：95-105.

[279] 曹剑锋. 家庭收入不平等视角下代际收入流动性研究 [D]. 湖南：湘潭大学，2021.

[280] 卢冲. 生命历程视角下的人口迁移与代际收入流动 [D]. 成都：西南财经大学，2021.

[281] 张强，李明元. 先赋性还是自致性：城市流动人口贫困代际传递——基于中国家庭追踪调查数据（2010—2014）的实证分析 [J]. 华南师范大学学报（社会科学版），2021（2）：45-57，205-206.

时光飞逝，转瞬已博士毕业。初入新疆农业大学攻读博士学位时的场景至今仍历历在目，记忆犹新，毕业后不舍与喜悦交融，感慨颇多，但感激之情，已跃然纸上。

首先要感谢我的导师——新疆农业大学经济与贸易学院夏咏教授。夏教授不仅是一位学识渊博、治学严谨、传道受教的师者，更是我读博路上的引路人。自入学伊始，除集中授课外，夏教授主动在师门内搭建研学平台，给每个同学充分的学习与提升的机会，细心指导每一篇调研报告、学术论文。此外，夏教授还是一位洞悉时事、关注民生、倡导学以致用的实践家，正是在夏教授的引导下，我才选择了新疆南疆四地州的研究工作，其间见证了国家全面脱贫的伟大时刻，也受困于新疆南疆四地州的特殊区情导致的数据获取难题，但在夏教授的帮助下最终也迎刃而解。同时夏教授也是一位善解人意、寓教于乐的"老顽童"，戴着厚厚的眼镜片、举手投足间流露的书生意气，无不印证了他的乐观主义，所以夏教授对我的影响不仅限于学术的成长，更是对我个人心智、价值观、世界观的升华，这必将使我受益终生。

2019 年注定是不平凡的一年，突如其来的新冠疫情，打破了原有的博士学位论文撰写计划，也迟滞了其他论文的发表，本就压力山大的我也一度彷徨与无助，但始终有一个人在我的身后默默地支持着我，他就是我的丈夫，也是我的硕士同学。回想当初不远千里奔赴西北攻读硕士、博士，最幸运的事应该就是有一个爱你的人能够始终和你相伴，不离不弃，全力支持我攻读博士。这一路的点点滴滴，汇聚的都是满满的爱，感谢他给予我一个幸福的家，让我能够专注于学术，感谢他在科研上给予我的建议与意见。同时要感谢父母三十年来的养育之恩与培养之情，感谢公公婆婆的理解与包容，感谢家人的爱与付出。

最后要感谢新疆农业大学经济与贸易学院的刘维忠教授、余国新教授、李红教授、刘国勇教授、姚娟教授、布娲鹣·阿布拉教授及我已故硕士导师马惠兰教授等老师在开题、答辩及以往的日常学术活动中给予的指导与帮助，感谢逄春雷等行政管理老师的支持与理解，感谢曹冲博士、张建勋博士、张雅茜博士、范雪纯硕士、丁超硕士、孙浩男硕士、李松晖硕士和其他在学习生活上给予我关心和帮助的同学。

秦　子

2023 年 6 月 15 日

图书在版编目（CIP）数据

中国西部地区农村代际收入流动性及传递机制研究 /
秦子著. -- 北京：中国农业出版社，2024. 10.
ISBN 978-7-109-32709-2

Ⅰ. F323.8

中国国家版本馆 CIP 数据核字第 2024PB8211 号

中国西部地区农村代际收入流动性及传递机制研究
ZHONGGUO XIBU DIQU NONGCUN DAIJI SHOURU LIUDONGXING
JI CHUANDI JIZHI YANJIU

中国农业出版社出版

地址：北京市朝阳区麦子店街 18 号楼
邮编：100125
责任编辑：赵　刚
版式设计：王　晨　　责任校对：吴丽婷
印刷：北京中兴印刷有限公司
版次：2024 年 10 月第 1 版
印次：2024 年 10 月北京第 1 次印刷
发行：新华书店北京发行所
开本：720mm×960mm　1/16
印张：8
字数：126 千字
定价：68.00 元